JN322728

Toshiaki Tachibanaki
橘木俊詔

Masahiro Nei
根井雅弘

人文書院

来るべき経済学のために

来るべき経済学のために　目次

第三章　ノーベル賞からみる経済学 …… 115

来るべき経済学のために

第一章　経済学と経済学史（その一）

――これから「来るべき経済学のために」と題し対談を行っていきたいと思います。お二人は一般的には「経済学者」として紹介されることがほとんどだと思いますが、正確にいうと経済学と経済学史という異なる分野の研究者です。まずそのあたりから、説明いただけますか。

橘木　私の専門は経済学の中でも労働経済学と呼ばれるものです。公共経済学や、いろいろな関連分野もやっていますので、厳密な意味で専門は何かと聞かれると答えるのが難しいのですが、一応、労働経済学者と名乗っています。

――経済学と聞けばすぐに思い浮かべるような、数学を使って分析する理論経済学とは少し異なるということでしょうか。

橋木　若い頃は、むしろ数式を使う計量経済学者として育ちました。大阪大学大学院時代は計量経済学の手法の推定方法などの勉強をしましたし、その後に通ったアメリカのジョンズ・ホプキンス大学では、ミクロ経済学・マクロ経済学・計量経済学の三科目を基本として教えるので、その伝統に則って、三科目を学びました。そこで学科試験も通り、博士論文を書いてもいいという資格を得るための試験に合格。その後、二年間かけて博士論文を書きましたが、結果的にそれが労働経済学の分野に属するテーマとなったのです（Quality Change in Labor Input and Wage Differentials : A Study of Japanese Manufacturing Industries, 1973）。計量経済学の手法を労働に応用したということですが、その後、「労働」というものが、自分の研究テーマとして大きくなっていきました。

まあ、計量経済学の手法で勝負しようと思ったら数学にものすごく強くないといけない、しかし自分には無理だなと気がついたし、経済学への思い入れもあったので、計量経済学の手法を用いて実証経済学をやるほうに移っていったと言った方がよいかもしれませんが。

――根井先生は、年齢でいうと橋木先生と二〇歳近く違います。ご専門は経済学史だとおっしゃっていますね。

根井　はい。私の専門は経済学史、経済思想史などと呼ばれるものです。非常に広い意味で経済学者と言われることもありますが、厳密には経済学者とは言えません。呼び方としては経済学史家、あるいは経済思想史家というのが正確です。

経済学史とはその名のとおり、経済学の歴史・歩みを歴史的背景を明らかにしながら追究していく学問です。私は京都大学大学院で二人の先生（菱山泉［一九二三―二〇〇七］、伊東光晴［一九二七―］）から指導を受けたのですが、両方ともイギリス・ケンブリッジ学派の流れに属する研究者で、菱山先生はイタリア出身の経済学者ピエロ・スラッファ（一八九八―一九八三）の研究で、伊東先生はジョン・メイナード・ケインズ（一八八三―一九四六）の研究で有名な方でした。日本（京大）で博士号を取り、橋木さんのアメリカ留学とは対照的なスタートを切りました。

ただ、経済学史の研究のほかに、書評や時評などいろいろなことを依頼されて書いてきたので、半分は物書きかジャーナリストだと思っている人がいるかもしれません（笑）。経済学史は、本来は文献学が中心の狭い学問なのですが、たまたま、そういった研究以外の仕事もやっていたので、いろんな本を読んできたというのがこれまでのいきさつです。ともかく多方面の分野と関係がある学問なので、専門外の本もなるべく目配りしています。

学部は早稲田大学の政治経済学部でしたが、大学院から教員となった現在までは、ずっと京都大学経済学部（大学院経済学研究科）にいることになります。橋木さんとも長い間、同僚でした。

――最初から経済学史をやろうと？

根井　ええ、やってみようと思いました。ただ当時の分類でいうとマルクス経済学ではなく近代経済学の所属だったので、その基礎的な部分、コースワークのミクロ・マクロ経済学ぐらいまでは勉強しました。当時の京大は、カリキュラムがあまり制度化されていなかったので、そういうものは、だいたい自分で勉強しないと駄目でした（今はかなり制度化が進んでいますが）。

歴史への関心は学部生の頃からあったのですが、経済学の基礎的な勉強を経ず歴史に行くのは良くないのではないかと思い、学部の時は理論経済学の永田良教授（一九五〇―）のゼミで一般均衡理論を勉強しました。そこで均衡解の存在証明や均衡の安定性の理論を勉強していましたが、それには当時から読んでいたヨゼフ・アロイス・シュンペーター（一八八三―一九五〇）の影響があったからかもしれません。一般均衡理論をシュンペーターが高く評価していたので、一般均衡理論とはどういうものか知っておこうと思ったのです。

その後、思想史に強い先生がたまたま京大におられたため、大学院からは京大に来て、理論から離れましたけども、若い時はやっぱり理論的な勉強もちゃんとしたほうがいいと、今でも思います。

経済学者は理論から経済学史に向かう?

橘木　根井さんに質問があるんです。私が経済学を勉強した頃、最先端にいたのは理論家で、東大の根岸隆（一九三三—）や大阪大の森嶋通夫（一九二三—二〇〇四）でした。ああいった理論をずっとやっていた人が、五〇代、六〇代になってから経済学史に移っていきましたよね。彼らのように二〇代から四〇代は理論をしっかり勉強して、五〇代、六〇代になってから経済学史に移るタイプと、根井さんのように二〇代前半は理論を勉強したけれども、わりあい早くから経済学史を専門としてきたという二つのタイプがある気がするのですが、その二つのタイプの違いというのはありますか?

根井　根岸さんや森嶋さんの経済学史の仕事は、自分の理論的な立場を確立して世界的な業績をあげた人が、自身の立場から経済学の歴史を見るというスタイルで経済学史に参入してきた例です。学説史専門の立場からいうと、まずテキスト・クリティークというのがあって、現代理論の観点から全部切ってしまうということはしません。ところが私から見れば、根岸さんや森嶋さんが語る学説史は、例えばリカード（一七七二―一八二三）を語っても、マルクス（一八一八―一八八三）を語っても、ワルラス（一八三四―一九一〇）を語っても、リカードやマルクスそのものよりも、どちらかというと森嶋・根岸のカラーが強くなっているように感じます。さらにいえば、私には、森嶋学史は骨太、根岸学史はスマートなスタイルのように思えます。

橘木　そうすると、森嶋先生にはマルクスやリカードの名を冠した著作がある、しかし正確に言うと、森嶋によるマルクス解釈、リカード解釈というタイトルにしたほうがベターなわけですか。

根井　いや、そこまで言うつもりはありません。それらの著作は、それぞれ有益な視点を提供してくれますし、とくに若い人には非常に勉強になると思います。ただ、とくに森嶋学史の場合、一般均衡理論の視点からリカードもマルクスも観ているので、注意して読まなければ誤解を招くかもしれません。

橘木　なるほど。では例えば、外国の経済学者で、同じように若い頃は理論で仕事をやっていて、五〇代、六〇代になってから経済学史に行ったような人はいますか？　私の知っている範囲では、ジョンズ・ホプキンス大学の先生だったヤルグ・ニーハンス（一九一九―二〇〇七）という人がいます。金融理論でいい仕事をした研究者ですが、ホプキンス大学を辞めたあと、母国のスイスに戻って経済学史を一所懸命やって、いろんな本を書いているようですが。

根井　はい、います。古くはアメリカのポール・サムエルソン（一九一五―二〇〇九）もそうで、比較的若い頃から数理モデルを駆使した学史を書いています。これはサムエルソンほど数学に強い学者にはたやすい仕事だったのではないかと思います。

――経済学史というのは、経済学というものが形成され、ある程度の歴史が蓄積されてきた時、反省的に過去を振り返るということが必要になり生まれてきたものだと捉えていいのでしょうか？

根井　そうだと思います。かつては、多くの場合、理論をやっている人が同時に学史も研究していたのです。そもそも経済学という学問自体が、それほど古いものとは言えない。アダム・スミス（一七二三―一七九〇）の『国富論』（一七七六年）から数えても、一九世紀に活躍した人にとっては、まだ一〇〇年ぐらい前の話でしかないわけです。みな今で言う「古典」を読んで自分たちの理論を組み立てていったのです。

経済学の革新は、そう何度も出てくるものではありません。新しいことを発見したと思っても、すでに古い時代の人たちが、どこかそれに近いアイデアなり構想なりを練っていた場合が多い。だから、理論で鍛えられた人ほど、ある年代に達すると過去を振り向くようになるということには、驚きはありません。

マルクス経済学者はなぜ経済学史に向かったのか

橘木　若い時にマルクス経済学を勉強した人と、いわゆる非マルクス経済学、つまり近代経済学を勉強した人とでは、どちらのほうがより多く経済学史に向かっていったのか、そういうことは言えませんか？

根井　圧倒的にマルクス経済学ではないでしょうか。日本の経済学史学会は、マルクス経済学を基礎にしていた人のほうが多い時代が長いあいだ続いていたと思います

橘木　それは興味深い点ですね。なぜ、近代経済学よりもマルクス経済学の研究者のほうが経済学史に関心を持ったんでしょうか。

根井　橘木さんが勉強されていた頃から、だんだん近代経済学の勢力が強くなって、ミクロ・マクロ・計量を中心とした教育を受け、しかもアメリカで博士号（Ph.D.）を取ると

いうスタイルになった。小宮隆太郎（一九二八―）が盛んに宣伝したからという面もありますけど（笑）、そういうのが少しずつ増えてきた。その時に、マルクス経済学はある意味マルクスの登場で終わっているところがあるので、近代経済学を選ばずにマルクス経済学を選んだ人たちのなかでは、歴史に向かわざるを得ないという事情があったと思います。

橘木　私の説ですが、なぜ日本でマルクス経済学が強くなったかというと、旧制高校でみんなマルクス主義に接したからです。哲学や経済学、歴史など、マルクス主義に基づく学問というものを旧制高校で勉強して大学に行ったら、やっぱりマルクスがいちばん自分に合っていると思う確率が高いのではないでしょうか。それで経済学部に行けばマルクス経済学を勉強して、学者になる。帝国大学にはマルクス経済学の先生も多くいましたからね。

根井　例えば橘木さんの先生の世代でもある熊谷尚夫さん（一九一四―一九九六）の回想を読むと、旧制高校時代に新カント派の認識論に凝ったことがあったといいます。ドイツ語が読めたわけですから、当然マルクスも読んだでしょう。

橘木　ちなみに旧制高校では、フランス語をやるやつは「ぐうたら」だと言われたんです。どちらかというと遊び人指向の人がフランス語をやり、勉強好きなしっかり者がドイツ語を学ぶというのが旧制高校の流れだった。私も第二外国語はフランス語、そして四年間もフランスに住みましたので、「ぐうたら」派です。

しかし少し皮肉なことを言うと、そういうドイツ語を学んだ人が現実の経済の分析を始めると、マルクス経済学は実際の経済をうまく解明していないのではないかという反省をしだした、というようなことはないでしょうか。マルクス思想から入っていき、そこでマルクス経済学を勉強したら、どうも世の中の経済の動きとはずれていると思った。そう思った人が学史に移っていったというようなことはありませんか?

根井　いえ、そういうことはないと思います。もともと、日本経済の現状分析というのはマルクス経済学から始まったんですね。戦前に激しくぶつかりあった日本資本主義論争の人たちは、もちろん学説史は勉強しているけれども、学説史家になるつもりはなかったと思います。

むしろ近代経済学の現状分析のほうがはるかに遅れて日本に導入されたのではないでしょうか。例えば、小宮隆太郎はじめアメリカ帰りの人たちが、日本のことをやらないといけないというので、近代経済学的手法を使って政策論をやりだしたというのが、本格的な始まりだと私は思っています。だからマルクス経済学にははるかに遅れていた。ただ、マルクス経済学の現状分析が結果的にはあまり現実を解明していなかったということはありますが、それはマルクス経済学自体の問題で、思想史への移行には直接は結びつかないと思います。

橘木 なるほど。マルクス経済学にも現状分析においては、講座派と労農派という大きな二つの派がありましたよね。根井さんは、今から見れば、どちらのほうがましなことを言っていたと思いますか。

根井 うーん、どちらがましとも言いづらいですね。

橘木 どちらもダメ？（笑）

根井 ただ、労農派のほうが後々まで東京大学に後継者を持っていましたね。講座派は、わりと早めに、例えば日本の高度成長以後は現実との接触を失ったのではないでしょうか。

橘木 それは、いわゆる政治との絡みで、講座派は共産党系、労農派は社会党左派系と言っていいでしょうが、その対立の下で力関係が変わったということでしょうか？ それとも現状分析において、やはり労農派のほうが優れていたということでしょうか？

根井 それは一概にいえませんが、現状分析では労農派の人のほうが名前が思い浮かびます。

橘木 東大の大内兵衛（一八八八―一九八〇）などですね。彼は政治力があったので、大学での人事だとか、政治の世界でも影響力のある人でした。

根井　ええ。ただ、私の大学院での先生が伊東光晴だったということもありますが、近代経済学とマルクス経済学に分けられないごく少数の、正確に言うと、マルクス経済学的な問題意識を持っていながら分析手法は近代経済学だという人たちもいました。伊東、宮崎義一（一九一九―一九九八）両先生はこのタイプです。

なぜこういうことを言い出したかといいますと、フランスで二〇一三年に出版されすぐに英訳が出て、今盛んに話題になっているトマ・ピケティ（一九七一―）の大著『二一世紀における資本』は、分析手法は近代経済学だけども問題意識はマルクス経済学的、といってもよいものだからです。だから私の先生たちのような日本の経済学者を知っている者からすれば、ピケティのような例はべつに珍しくはないと思います。でも学界では少数派でした。

マルクス経済学の凋落

橘木　話を学史に戻すと、根井さんの世代以降の学史家とそれ以前の世代では、中心的に取り上げる経済学者が違いますか？

根井　私たちのほうが、それ以前の世代よりも近代経済学の洗礼を受けているので、近代経済学が生まれる時期でもある一九世紀後半ぐらいからの、具体的にいうとアルフレッド・マーシャル（一八四二―一九二四）やレオン・ワルラスあたりから始める人が多数派になりつつあるように思います。

橘木　その場合、アダム・スミスはもう無視ですか？

根井　そんなことはありません。スミス、その前のフランソワ・ケネー（一六九四―一七七四）も大事ですが、最初に選ぶものとしては、マーシャル、ワルラスなどを選ぶ人たちが、私たちの頃から少しずつ増えていきました。

京大でマルクス経済学などを教えておられて、後に甲南大学に移られた田中真晴（一九二五―二〇〇〇）という先生は、ロシア経済思想史で学位を取られたんですが、若い頃は、やはり中心はほとんどマルクスからレーニンまでの学史だったと思います。晩年近くになってマーシャルに関心を持たれて、近代経済思想史を勉強しはじめられましたが、最初に鍛えられた理論がマルクス経済学なので、私たちには比較的簡単に思えることでも、吸収するのに難儀すると、ご自身でおっしゃっていました。私たちが非常に羨ましいと。

橘木　若い時に、近代経済学の理論も勉強する機会があったということが、田中先生からみると羨ましいことだったわけですね。

根井　まあ、私たちの頃は近代経済学が主でマルクス経済学は従というか、ほとんどなかったという感じです。

橘木　そうか、根井さんは学部は早稲田で、京大は大学院からでしたね。

根井　早稲田の政治経済学部は近代経済学が大多数だったと思います。

橘木　マルクス経済学は、あまり教えていなかったですか。

根井　教えていなかったわけではありませんが、シュンペーターをやっていた伊達邦春さん（一九二二―）など、やはり近代経済学が多かったですね。

橘木　確かに早稲田にはあまりマルキストはいなかった。

根井　まあ、どちらかというと、その反対ですね。

橘木　むしろゴットル学派などの右翼系もいました。

根井　堀江忠男（一九一三―二〇〇三）というマルクス経済学者にして若き日のサッカー選手という非常にユニークな人物がいましたが、あの方ぐらいでしたね。

橘木　マルクス経済学者は、旧帝大系の東大・京大のほうが多かった。ほかには大阪市立大学とか。

根井　近代経済学とマルクス経済学の対立、例えばケインズとマルクスは、高度成長期には学界を二分するような感じだったんですが、実はそれほど水と油ではなくて、マルクスの中に有効需要の原理を発見したポーランド出身のミハウ・カレツキ（一八九九―一九七〇）のような例もあり、世間が言うほど対立するものではなかったと思います。ただ、マルクス経済学だけでやるには、私たちの世代からは、もう無理だった。そして、ついに一九八九年のベルリンの壁崩壊に至るわけです。

橘木　一九八〇年代から九〇年代にかけて、ベルリンの壁の崩壊やソ連の解体があったりして、社会主義国がだんだん少なくなるとともに、マルクス経済学が力を失ってきた時に、マルクス経済学者のとった行動というものに、私は関心があるんです。マルクス主義思想だけでガンガン言うのはやめて、現状分析をやってそこで多少批判的なことを言うことに走った人と、もうあまりマルクスということを前に出さずに、政治経済学や制度派経済学というかたちで別の経済学に移っていった人がいるのですが、いま、自分はマルクス経済学者だと言っている人はどの程度いるんですか？

根井　もうほとんどいないと思います。それにベルリンの壁が崩壊した後は、ほとんどのマルクス経済学者は沈黙してしまったのではないでしょうか。

橘木　沈黙しましたね。

根井　それに対して、先ほどお名前を挙げた田中真晴さんは、マルクス経済学者の思想的責任というようなことを言っておられました。これは非常に誠実なほうです。

橘木　それは、マルクス経済学のほうに問題があったという認識ですか？

根井　そうです。もともとマルクスを説いていた人の自己反省ですね。大学教授や物書きというのは、ある程度そういう思想責任が生じるので、かつて説いていたものがああいうふうに駄目になった場合には、自分なりの見解を表明すべきだという考えのようでした。しかし、そういう方は例外だったと思います。

橘木　根井さんの言うように、黙りこくった人が多いなという意識は私にもあるのですが、今や逆に近代経済学が前面に出過ぎていて、近代経済学イコール市場原理主義という解釈をしてアメリカ流の市場原理で何でもかんでも競争すればいいというような立場に対する批判が、むしろ出てきていますよね。そうなると、むかしマルクス経済学をやった人が再び市場原理主義批判というかたちで出てくることはないですかね。

根井　それはありうるかもしれませんが……。ただ、その前に、現代経済学を市場原理主義と捉えるのは当たっていないのではないかと思うんです。

橘木　あ、根井さんはそういう解釈ですか。

根井　はい。まともにというか正統な経済学の教育を受けた人なら、市場原理主義者になるということは、ほとんどないと思います。橘木さんはおわかりだと思いますが、現代経済学では、市場の失敗をちゃんと教えます。もちろん、政府の失敗の例のように、全部政府がやればいいというのではありませんが、市場も失敗することは昔から知られていた。そういうふうに教える経済学はたくさんありますから、市場原理主義批判は別にマルクス経済学だけのものではないと思います。

橘木　じゃあ、マルクス経済学の復権というのは、もう難しいと。

根井　マルクス経済学が復権するとすれば、前述のピケティのように、問題意識はマルクス経済学的だけど分析手法は近代経済学だというケースではないでしょうか。

橘木　そうすると、分析手法は近代経済学が牛耳ったと。ただし思想はマルクスの考え方がまだ残っているということですか？

根井　思想の中ではまだ生きている面もあるということですね。ただしマルクスの古い理論で経済学をやるというのは、もう無理があると思います。

橘木　私が小樽商大の学生の頃にマルクス経済学を学んだのは、北海道大学にいた降旗節雄先生（一九三〇―二〇〇九）からで、週一度の講義を聞きました。G（貨幣）―W（商品）―G′というのを黒板に書いて盛んにやっていたわけです。これがマルクス経済学だ、と私は思っていたんですが、G―W―G′というのはもう時代遅れで、誰もやっていないんですか？

根井　学説史では教えます。でも、経済理論学会という旧マルクス経済学の学者たちが集まっている学会の話を若い院生などから聞くと、数学を多用した分析的マルクス経済学がほとんどなんだそうです。

橘木　アナリティカル・マルキシズムという分野があるそうですね。

根井　若い人たちは、マルクスをそういうふうに捉えているし、その学会でも、思想はあまり入ってこないマルクスのほうが、主流を占めているのではないでしょうか。

橘木　それに関していえば、労働者は資本家に搾取されるというのが、マルクスのひとつの大きな主張だと思うんですが、この考え方は近代経済学の手法でもっても言えると思っているんですよ。

根井　それは言えると思います。残業代をゼロにするとか、いわゆるブラック企業の話などを聞くと、本来ならマルクス経済学者が何か言うべきであると思うんですが、むしろ近代経済学をやっている人のほうが発言しているというのが、私には不思議です。

橘木　ただ、私も近代経済学者だし、今言われたような問題についても発言してはいますが、近代経済学者の中でも自分は少数派だと思ってます。多数派はやっぱり、八代尚宏さん（一九四六―）や八田達夫さん（一九四三―）など、何でもガンガン市場でやり合えばいいという意見のほうだと思います。安倍政権のブレーンは、みんなそうじゃないですか。

根井　そういった方面の声が大きくなっているのは確かかもしれませんが、政権での主流と学界での主流は違うような感じがします。マルクス経済学に対しては、おそらく橘木さんも私も、わりと寛容ではないかと……。

橘木　そこは共通のところですね。

根井　何にせよ、よいところは取り入れればいいと、私は思います。マルクス経済学にしても、その分析手法が有効かは別にして、思想自体の生きているところ、現代にも通じるところは確かにあるんです。

橘木　近代経済学者で代表的なアルフレッド・マーシャルが、経済学者に必要なのは「cool heads but warm hearts」だと言った。これもマルクス経済学に近いことを言っていると解釈しているんですが、間違いですか？

根井　それは、微妙かもしれません。確かにマーシャルは社会主義に非常に惹かれた時期があって、労働者の将来についても書いてはいます。それはジョン・スチュアート・ミル（一八〇六―一八七三）の影響です。でも社会主義者にはなれなかった。結局はやっぱり自由主義サイドで、資本主義（当時あまり資本主義という言葉は使っていませんが）を漸進的に改革していくほうがいいという結論に至っています。

橘木　今、名前を出されたミルですが、彼はマルクス経済学者のはしりと見てもいいですか？　古典派経済学の最後の時期で、なんとなくマルクスにも親近感を持っていたという気もするのですが。

根井　それはどうでしょうか。経済学史学会では、昔はミルとマルクスはよく対比させて論じられていました。マルクス経済学的な言葉を使うと、ミルは最後のブルジョア経済学者という扱いで、確かに社会主義に惹かれた時期があって大いに影響は受けたんですけれども、やはり最終的には社会主義者にはなりきれずに、結果としては資本主義を改革していくほうがいいと考えました。これがマーシャルに受け継がれます。だから、ミルをマルクスに近づける解釈は、あまり通説ではないと思います。というか、マルクス自身が、『資本論』の中ではミルを目の敵にしています。つまり、当時のブルジョア経済学のいちばん大物はミルですから、やはりミルを倒すことが重要だと。

帝大はマルクス経済学の牙城

――橋木先生が学生の頃は、マルクス経済学が強かったんですね。

橋木　強かったですね。私は学部は小樽商科大学ですが、小樽商大というのは東京商科大学（一橋大学の前身）の弟分だから、近代経済学の学者ばかりなんです。マルクス経済学は、マル経が強かった北海道大学から先ほど名前を出した降旗先生が週に一時間だけマル経を教えに来ていて、あとは全部近代経済学でした。ただ、その降旗先生のG–W–G′がものすごく記憶に残っているんです、これがマルクス経済学かと。しかしそれから私は近代経済学を勉強したので、当時、大阪大学が近代経済学のメッカだと気がついて、大学院は阪大に行ったというのが、私の個人的な歴史なんです。

北海道大学は東京大学のいわば植民地だったからマルクス経済学者が多い。旧制帝国大学だった東大、京大、東北大、九大はマルクス経済学の牙城でした。近代経済学の牙城は東京商科大学すなわち一橋大と、慶應義塾。そして阪大が戦後新しく出来て、マルクス経済学ではダメだというので近代経済学を前面に出してきた。

根井　ケインズは、ほとんどマルクスを読んだことはないのですが、ある時期マルクス経済学の解説書を読んでいます。英語ですからG–W–G′はM–C–M′となっていますけど、マルクスの言っていることは現代の貨幣経済についても正しいとケインズは言っています。ただ、それをどう分析に使うかで立場が分かれるわけです。

マルクスの革新的な思想の中心は、M–C–M′だと私も思います。だから、思想と分析手法というのは分けて考えたほうがいいかもしれない。たまたま私の先生がマルクス経済学的な問題意識で近代経済学をやっていた人だったということもありますし、さらにその上の先生である杉本栄一（一九〇一―一九五二）は、世間的にはマーシャルや初期の計量経済学の研究で知られた方ですが、もともとは、マルクス経済学の誠実な研究者であるということで、師匠の福田徳三（一八七四―一九三〇）が東京商科大学に残したんです。

橘木　杉本栄一は、福田徳三のお弟子さんなんですか。

根井　そうです。中山伊知郎（一八九八―一九八〇）と杉本栄一は、福田徳三が中山は近代経済学者、杉本はマルクス経済学者として育てようとしたのですが、杉本栄一が早くに亡くなったので、中山伊知郎の存在が大きくなってしまいました。私の先生の伊東光晴は、どちらかというとマルクス主義者なんですよ。心はマルクスだけれども、分析手法は近代経済学といってもよいかもしれません。

橘木　私たちの学生時代にはコンメンタール一般理論というのがありました。根井さんの先生である伊東光晴さんと宮崎義一が書いた本ですよね（『コンメンタール　ケインズ／一般理論』日本評論社、一九六四年）。心はマルクス、手法は近代経済学というのは、この本でわかります。

マルクス経済学の隆盛は日本の特殊事情

橘木　もう一つ質問があるんです。マルクス経済学は科学的社会主義経済論とも言われますよね。科学的でない社会主義というと、サン＝シモン（一七六〇―一八二五）やシャル・フーリエ（一七七二―一八三七）など空想的社会主義というのが浮かびます。彼らも労働者は保護しないといけないとか、協同組合でいかないといけないという考え方をしていた。マルクスはその空想的社会主義を見ていて、これは理論的ではない、自分たちは科学的な方法と理論でいくのだと、はじめから明確な意識をもってやっていたんでしょうか？　それとも、後になってマルクスの理論を科学的社会主義と言うようになったのですか。

根井　科学的社会主義という言葉を最初に使ったのはエンゲルス（一八二〇―一八九五）ではないかと思います。その背景には『資本論』という、資本主義のメカニズムを理論的に解明している著作が中心にあるから、単に空想的社会主義と違って我々は科学的社会主義なんだと主張していたわけです。マルクス自身がその言葉を使ったかどうかは不明ですが、エンゲルスは使っていたと思います。

ただ、それとあまり違わない時期にレオン・ワルラスが出てきます。一般的には彼は近代経済学者と言われていますが、この人も自らの思想を科学的社会主義と言っているんですね。ですから、近代経済学・マルクス経済学という区分は、場合によっては誤解を招くと思います。

橘木　確かに実は、近代経済学・マルクス経済学の対立というのは日本だけに特有な姿なんですよ。私はアメリカの大学に行ったし、イギリスやフランスで研究・教育したこともありますが、マルクス経済学者はあまりおらず、ほとんど近代経済学者だった。「日本では、マルクス経済学者のほうが近代経済学者の数よりはるかに多いですよ」と言ったら、向こうの経済学者はみんなびっくりしたぐらいです。だから逆に、なぜ日本で、かつてマルクス経済学がこれだけ力を持っていたのかということには関心があるんです。

根井　それは難しい問題ですね。ただ戦後に一気に力を持ったというのは、おそらく戦前戦中に弾圧された歴史があるからだと思います。大正デモクラシーの時にいろいろな思想が論壇でも議論されましたが、マルクス主義は戦前戦中に徹底的に弾圧されたため、戦後自由になるとともに一気に息を吹き返すことになったのではないでしょうか。

橘木　追い出された先生が、戦後になって東大や京大に戻ってくると、彼らはもう我が世の春で、これからはマルクス経済学を前面に出していかなければいけないというので、存在が大きくなったんでしょうね。

根井　だから、そういう流れを見ますと、私はどちらの立場の理論家でもなくてよかったと思うことがあります。つまり、そういうのは、なにか非常に非生産的な論争をしていたような気がするんです。

橘木　マルクス経済学と近代経済学の間で？

根井　ええ、両方ともいいところを取ればいいのです。政治的なスタンスが入ってくるから複雑になってきますが、マルクスに現代にも通じるようなところがあればそれを取ればいいいし、思想はマルクスでも分析手法は近代経済学を取るというのでも、べつにかまわないと思います。

思想というのは、ジャーナリズムで言われるほど単純なものではありません。世間では、近代経済学に対するマルクス経済学、自由主義陣営が近代経済学で、社会主義陣営がマルクス経済学と思われていましたが、資本主義経済を分析するのに、マルクス的なアイデアを使っていた人もたくさんいたわけですから、非常に無用な論争だったような気がします。

橘木　そうすると日本は不幸だったわけですね。マルクス経済学と近代経済学が激しく対立していたし、学会も別々でした。おもしろいことに、マルクス経済学会は「経済理論学会」と称し、近代経済学会は「理論経済学会」と称して、経済と理論が逆の位置にいたのです。

根井　不幸だとまでは言えないかもしれませんが。私が学生の頃でも、「二つの経済学」ということが言われて、よく論争をしていました。でも経済学はそれほど「二つ」を意識しなくてもよかったのではなかろうかと。少なくともマーシャルの時代には、そういうことはなかったし、お互いいいところを学び合ったということのほうが多いと思います。

橘木　では逆に、アメリカやヨーロッパではマルクス経済学者が非常に少なかった理由を考える場合、そもそも欧米は資本主義の国ですよね。マルクス経済学を実践しているのは社会主義の国、当時で言えばソ連、東欧、中国などであると。最初から政治体制が違うということで、どちらの経済学を信じるかというのが、はっきりしていたということはありませんか？

根井　それはあると思います。ただ、そのあたりにもパラドキシカルなことがあって、あるジョークに「資本主義経済の経済学は社会主義の経済学で、社会主義経済の経済学は資本主義の経済学だ」というのがあるんです。一般均衡理論のような近代経済学をやった人たちが、それを社会主義の経済計画に利用しようという人たちが出てきた。つまり社会主義的な傾向を持った一般均衡理論家というのが出てきたんですね。

橘木　ポーランドのオスカル・ランゲ（一九〇四―一九六五）のような。

根井　ええ。失敗はしたけれども、それが社会主義国の経済計画に利用されたこともあったわけです。ですから、実際はあまり対立ということはなくて、ランゲのような人たちは、両方を水と油のようには思っていなかったと思います。

橘木　なるほど。

近経かマル経か究極の選択

根井　でも、私の世代だからこういうことが言えるのであって、もっと上になると近代経済学とマルクス経済学というのは、はっきり分かれていたから、経済学を勉強しようとした段階で、研究室に入ったばかりでも、どちらを取るのかが決まっていたと思います。

橘木　どこのゼミに行くかで、こいつは近代経済学だ、こいつはマルクス経済学だと決まっていました。

根井　私は、そういったことから自由な世代になっていましたから、当時を客観的に振返ると、なんとまあ非生産的なことをやっていたものだなあと思ってしまいます。

橘木　我々の世代は、大学に行くと、阪大のようにほとんど近代経済学の先生しかいない大学と、京大や大阪市大などのようなほとんどマルクス経済学の先生しかいない大学に分かれているような時代でした。そうなると、もうどちらかを取らざるを得ないわけで、ほかには選択の余地はなかったと言ってもいいですね。しかも大学受験をする高校生は、どの大学がマル経でどの大学が近経かを知らなかったし、それ以外の要因、例えば学力で大学の選択をしていました。

根井　もう亡くなられましたが、名古屋大学で経済原論を教えていた飯田経夫さん（一九三二―二〇〇三）は、ケインズの『一般理論』を訳した塩野谷九十九さん（一九〇五―一九八三）のゼミでした。当時、近代経済学の代表はケインズというところがあったので、ケインズを選ぶかマルクスを選ぶかで迷われた末にケインズを選ばれたらしいんですね。そうすると、友人たちが「君も結局、資本家の手先になるのか」と言う（笑）、そういう雰囲気だったそうです。そういうのはもう私たちにはありませんでした。

橘木　（笑）戦後間もない時期は幸か不幸か、左翼が強かったんです、だから、近代経済学を選ぶやつは「おまえはブルジョア指向だ」、マルクス経済学を選ぶやつは「おまえは労働者の味方だ」というような区別はあったような気がしますね。

根井　しかし、経済学の長い歴史を見ると、近代経済学者が労働者に冷たいなどということはないわけです、マーシャルやワルラスをみればわかります。だからほんとうになにか、あまり実り多き論争ではなかったような気がしますね。

余談になりますが、マルクス経済学関連でもう一つ言っておくと、マルクス理論が弾圧されていた一九三〇年代の日本では、その一方でシュンペーターの影響で近代経済学が発展しました。中山伊知郎や東畑精一（一八九九—一九八三）がボン時代のシュンペーターに教わって、日本で著名な経済学者になっていたので、満州事変の年（一九三一年）にシュンペーターが来日するんです。その時に各地で講演していますが、東京帝大でそれを聴いていたのが安井琢磨（一九〇九—一九九五）です。彼がシュンペーターのところに行って「経済学を勉強したいと思いますが、何から勉強したらいいですか」と尋ねると、「Begin with Walras」と言われたそうです。だから初期の安井さんの研究はワルラスから始まっています。シュンペーターの初期の著作も安井さんたちが訳して、早くから日本で読まれていました。

世の中は軍国主義になりつつありました。シュンペーターが書いたのは純粋理論経済学ですが、そんな時代にはかえって新鮮に感じて、そういう勉強ができたわけです。だから早い時期に近代経済学を日本に導入する種が蒔かれたことには、シュンペーターの影響がかなりあったと思います。シュンペーターはワルラシアンでしたが、当時ワルラスがそんなに普及していたのは日本だけです。ほかのアングロサクソンの国では、マーシャルのほうが圧倒的に強く、ワルラスはまだ経済学の中心にはいなかった。戦前からワルラス経済学の研究が行われていたのは日本だけで、これも日本の特殊事情です。

経済学の輸入

橋木　ここで少し日本の経済学の歴史に触れておくと、日本に経済学を最初に持ち込んだのは福沢諭吉です。福沢が、フランシス・ウェーランド（一七九六―一八六五）という人の『経済学要綱』という本を使って、幕末に慶應義塾で講義したというのが、日本の経済学の始まりですね。

次が一橋大学です。商業というものを勉強しなければいけないということで。初代の文部大臣になった森有礼（一八四七―一八八九）や、経済界の渋沢栄一（一八四〇―一九三一）などが作った学校で、最初は商法講習所と言いました。日本で二番目に経済学を勉強しはじめた学校です。そこでもやはり、いわゆるアングロサクソン流の経済学を勉強していたんです。福田徳三がヨーロッパに長い間留学してドイツの歴史学派やフランスの経済学をどんどん日本に紹介して、経済学の中心になりました。

帝国大学は、それらよりも遅れて経済学をやりだしたと言ったほうがいいですね。今で言う社会政策という学問が帝国大学の一つの重要な学問になり、高野岩三郎（一八七一―一九四九）たちが東大で講義をした。高野含め、東大の初期の経済学者は、みんなドイツ留学組です。当時はドイツの経済学は社会政策が中心だったので、社会政策や歴史学派の学問を東大で教えたというのが、三番目の流れでしょう。そのうちに、マルクス経済学がどんどん入ってきて、近代経済学は慶應義塾と一橋、社会政策ないしマルクス経済学は東大・京大という違いが鮮明になっていきました。つまりずっと輸入学問です。

私は、なぜ日本で経済学という学問が発生しなかったのかが気になるんです。井原西鶴の『日本永代蔵』には、いろんな人が出てきて、なぜこの人はお金持ちとして成功したかということを、いろいろ説明している。つまり、江戸時代にすでに日本人も経済学的な見方はしていたのに、なぜヨーロッパのような学問としては成立しなかったのか。

根井　佐和隆光さん（一九四二―）たちも言っていますが、西洋では個人主義が確立していたことがあると思います。それがなければ、近代的な経済学というのは誕生しにくい。そして市民社会というものが十分に発達しなければ、経済論議のようなものはあっても、理論的なものは出てこないのではないでしょうか。

橘木　先物市場というのは西洋に先駆けて大阪で始まっているんですよね。西洋の学者が「日本でこんな独創的なことをやっていたのか」とびっくりするくらいで、研究に来る人もいます。そういう発想はちゃんと持っていたのだけど、理論化したりする者がいなかったということですね。

数学くずれが経済学にくるようになる

――思想と分析手法のお話が出ましたが、現代はそれが分離してしまって、分析手法だけが異常に発達してしまっているような感じでしょうか。

橘木　それはとくに、近代経済学のほうに技術的な分析手法がたくさん入ってきて、とにかく最先端の数学の知見を用いて経済のメカニズムを解くというのが盛んになり過ぎたということは言えると思います。

――時代でいうといつ頃からでしょう?

橘木　それは一九五〇年代から六〇年代にかけての時代、ケネス・アロー（一九二一―）が一九五一年に発表した有名な“Social Choice and Individual Values”（邦訳『社会的選択と個人的評価』日本経済新聞社、一九七七年）が画期でしょうか。アローはノーベル賞を取った人ですが、その人が集合論などを使いはじめて、それでパーッと数式でやるようになった。もう一つ皮肉を言えば、数学的な分析がなぜ強くなってきたかというと、〝数学くずれ〟が経済学の分野へ入ってくるようになったためです。

根井　なるほど（笑）。

橘木　くずれなんていうと殴られそうだけど、私が外国に行ってびっくりしたのは、数学をやっていた人がけっこう経済学に転向していることなんです。日本で有名なのは宇沢弘文さん（一九二八―二〇一四）や稲田献一さん（一九二五―二〇〇二）。彼らは数学もよくできた。数学に強いからどんどん数学で経済学の論文を書きはじめて、それが近代経済学の主流になってしまった。

――学史という視点は、どんどん希薄になっていったと。

橘木 そういう人たちは、学史というのは、あんまり関心がないです。経済の実態を見て、数学モデルを作って、難しい数学を使って解いて、仮定をおいて演繹したらこういう帰結になりました、証明終了。セオリー・プルーフ・QEDという論文がいっぱい出てきたんです、戦後は。あたかも数学の論文のようでした。

――それは、もう時代の流れでしょうがない、いいも悪いもないと。

橘木 ええ、時代がそうなってしまった。逆に言えば、経済学者は数学ができないといい仕事ができない時代になってしまったんです。それは、経済学史の側から見たら、どういう評価ですか?

根井 それは、避けられない流れだと思います。「近代経済学」という言葉自体がもはや死語ですから。単に「経済学」になった、あえて形容の語をつけるとすれば「現代経済学」なんですね。だから、現代経済学が、ミクロ・マクロ・計量経済学を中心として教えられるというのは、時代の流れで、それは止められないと思います。ただ、そこから抜け落ちる問題というのもたくさんあるので、それらだけが経済学ではないと私は思いますけど。

それに、その時代で主流派あるいは標準的と見なされている経済学について知ることは、最低限必要なことではないでしょうか。学説史家には不評かもしれませんが、今の流れは仕方がないと私は思います。

橘木　数学を巧みに使ってセオリー・プルーフ・QEDという論文が多くなったのも、仕方がない？

根井　はい。ただ、ミクロ・マクロ・計量以外についての勉強も自由にできる環境さえあれば、と思います。

経済学教育標準化への反発

根井　最近の話題では、大学教育の方向性を示す目的で日本学術会議が出した「経済学分野の参照基準」案に対して、経済学教育の標準化、画一化をはかるもので多様性が失われると、経済学関連の各学会から強い異議が出たということがありますね。マルクス経済学の流れを含む非主流派の研究者からすれば、自分たちの研究が生かされていないと存在意義を疑われるような危機感を抱いたのだろうと思います。

東大の岩本康志教授（一九六一―）らが、いろいろと苦労して基準案をまとめておられるようですけれども、修正のプロセスを見ていくと、岩本教授自身の考えとはかなり違うものになっているのではないかという気がしています。岩本教授のホームページを見てみると、経済学とはミクロ・マクロ・計量が主にあって、これを勉強するものであるということが非常に明解に書かれています。

橘木　岩本さんの個人的な主張はそうだと。

根井　ええ、外国へ行けばそういうふうに教育されるので、その見解は標準的なものですね。でも、それに収まらない教育が必要だということについては、べつに否定されているわけではありません。だから、自分たちの研究が否定されるような意識を持たれての反対かもしれませんが、私は、ここまで大きな反発が出るとは予想していませんでした。

経済学をどのように教えるかとなると、これは大きな問題になって難しくなるのですが、現在よく教養教育がどうのこうのと言われていますね。現代経済学の主流派的な方法ばかりを学んでいると、数学的なテクニックや統計的な手法には詳しくなるけれども、広い視点が失われるという危惧があるということは確かです。

教養教育やリベラルアーツなどと言われていますが、今の現代経済学は、私たちが学んだ頃よりももっとメニューが豊富になっていて、ミクロ・マクロ・計量の三つを修めるだけでも、相当な時間がかかります。だから、それ以外のもの、例えば教養教育などに割くことのできる時間は、おそらく昔よりも少ないでしょう。だから、この参照基準案を修正してどうなるかわかりませんけれども、日本では、やはり核となるものを一つの目安として作るのは、かまわないのではないかと私は思います。

橋木さんもおそらく同意見のはずですが、ほかの勉強をどうするかというのは個人の関心によることなので、そういうものは標準化や制度化しにくいんですね。だから無理矢理あれもこれもと入れていったら、何のために基準を作ろうとしたのか、意味がなくなってしまう。学術会議寄りの発言になってしまいますが（笑）、これはあくまで「参照基準」なので、それはそれでいいのではないかと思うのですが。

橘木　まあ、私も基本的にはミクロ・マクロ・計量経済学で育ってきた時代ですから、この参照基準案でも述べているように、基本はこれで行くけれども、各大学の基本教育方針というのがあるのだったら、これにとらわれずに自分たちの教えたいものを教えればいい、ということではないでしょうか。

根井　標準化という言葉を使うと嫌われるようなんですが、経済学で標準的あるいは主流的なものとしては、今はミクロ・マクロ・計量以外に考えることはできないで、これについてある基準のようなものを作ることに対しては、私は反対ではありません。むしろ、これを学ばない学生がいるとしたら、そちらのほうが問題です。

学術会議の試みに対してはいろんな批判が出ていて、理解できる批判もありますが、一部には、どうも主流派経済学は問題が多くて、それを学ばなくていいとまでは言っていないけれど、それに近いニュアンスの批判をしている人たちもあるわけです。私は、それは具合悪いと思います。つまり、現在標準とされている経済学は教育の中心になるべきであって、それ以外のところを拾うのは、別の学問の仕事です。だから、学術会議の参照基準に書かれていることには、全部賛成ということではないですけれども、ある程度はやむを得ないのではないでしょうか。また、ミクロ・マクロ・計量経済学には標準的な教科書もあって学びやすいわけですが、非主流の経済学には教科書になるようなものは少なく、どうしても試行錯誤にならざるをえない。それでは、やはり経済学の勉強にはなりませんね。

学術会議メンバーで元東大の奥野正寛さん（一九四六―）が出てこられて、「摂南大学の八木紀一郎先生たちが〈政治経済学〉が大事だと言っているけれども、そういったことは標準的な経済学でも議論されている」とか、「こちらにはゲーム理論なども入っているので八木先生の標準的アプローチの理解は狭すぎる」などと反対陣営を批判してらっしゃるんですが、それはそもそも互いの経済学の定義が違うんです。同じ「制度」と言う言葉でも、ゲーム論をやっている人の制度と、ガルブレイス（一九〇八―二〇〇六）やコモンズ（一八六二―一九四五）、ミュルダール（一八九八―一九八七）らの言う制度は意味が違うので、こういう議論をしても噛み合ないと思います。だから、標準的とされているものは、それなりにコア科目としてあっていいのであり、そのほかのことは、それ以外の科目で教えるしかないというのが、私の基本的な考えです。多様性を教えるということも大切な教育ですが、それは私たちが受け持つ経済学史などの役割なので、そういう科目で学んでくれればいいわけです。そこまでミクロ・マクロの人にやらせようというのは無理な話でしょう。

政治経済学というのも、むかしのマルクス経済学がかたちを変えて、今そう呼ばれています。それは日本的な特殊性だと思いますけれども、マル経と呼ぼうが何と呼ぼうが、そういう思想的立場に立つ人が何を教えてもかまわない。しかし、中核だけはしっかりしていないといけないと私は思います。

ただ、これだけ批判が起こるということは、私にはわからない政治的な理由があって、もしかしたら研究費の配分だとかが関係してきて、ここに書き込まれないと困るというような危機感があるのかもしれません。しかし、そういうことは私にはわからないので、純粋に学問的なことだけを言うと、経済学部に入ったからには、一応、経済学で標準的とされるものは学ぶべきではないかと思います。

橘木　それに関してやや脱線しますが、マルクス経済学の人が、なぜ自分たちの経済学を政治経済学とか制度派経済学とかいう名称に変えたのか。皮肉を言えば、マルクス経済学なんていうタイトルで講義をしても、学生が講義を取らないという現象が起きて、非常に危機意識を感じたのではないかと思うんです。自分たちの教える科目がなくなったら、最悪失職の可能性があるわけで、そういうことを恐れて名前を変えた、というようなことがあるのではないでしょうか。

それと、ベルリンの壁が崩れて東ドイツと西ドイツが統一された時、東ドイツのマルクス経済学者に対して、どちらの経済学を取るのか、統一政府から問い合わせがあり、マルクス主義をキープする人には大学の職はない、となったんです。

マルクス経済学者の対応は二つに分かれました。大学で経済学を教えることをやめてタクシーの運転手になった人もいたといいます。もう一方は経済学を続けたいために、しぶしぶ近代経済学を勉強して、大学で教えるようになった。そういったシビアな選択を迫られたということが、ベルリンの壁崩壊以降のドイツであったたんです。

根井　西ドイツには、シュンペーターのお弟子さんだったキール大学のエーリヒ・シュナイダー（一九〇〇—一九七〇）という優れた経済学者がいましたが、この人が一九六〇年代に書いた教科書が『経済理論入門』という題名で日本でも翻訳が出ていました。それはもう完全に新古典派（あるいは新古典派総合）でしたね。マルクス経済学は、むしろフランスにちょっと残ったんではないかと思います。

橘木　ええ。それが今のレギュラシオン（régulation 調整）学派で、これもまた旧マルクス経済学が、マルクスなんていうと一般の支持が得られないから、名前を変えてマルクスの思想をキープしたということがあると言えますね。ちょうど日本で政治経済学とか制度派経済学に名前を変えたのと同じように。

根井　日本はマルクス経済学からレギュラシオンへ行った人が多い印象がありますね。

海外の経済学教育

橋木　アメリカの経済学の教育というのは、ほとんどの大学がいわゆる新古典派、近代経済学です。マルクス経済学は、ごく一部の学者しか専門にしていないし、マルクス経済学を教えるという大学は、まずない。とにかく、ミクロ・マクロ・計量経済学を基礎に教えて、そのあと財政・金融・労働・国際経済など、応用の分野を教えるというのが主流であって、根井さんには大変失礼だけど、経済学史という授業もあまりやってないと思います。アメリカの大学で経済学史という授業をしているというのは、あまり聞いたことがありません。

根井　むかし、スタンフォード大学で、ケネス・アローが担当した経済学史の授業を聴いたという人がいます。つまり学史の専門家はやっていない。授業自体はあるかもしれませんけれども。

橋木　あるかもしれないけど、メジャーではありません。では、なぜ日本では経済学史が教えられてきたかというと、日本の場合は経済学は輸入学問だったということがあります。いろいろな経済学が明治以来入ってきて、それらを歴史として整理する必要があった。それが経済学史であり、重要科目として経済学史が教えられてきたという側面があると思うんです。

ヨーロッパ、とくにイギリスでは、私が教えていた頃から、ミクロ・マクロ・計量が中心で、そうでない経済学というのは非常にマイナーな扱いでしかなかったということがありましたし、フランスもワルラスやケネーが経済学を作った伝統があり、やはりミクロ・マクロを中心にしてやっていたので、ヨーロッパの場合も基本的にアメリカと同じだと思います。

唯一の例外を言えば、かつてドイツには歴史学派などいろいろな経済学の考え方がありました。しかしドイツは戦争に負けて学問も弱くなり、戦前にあったドイツ流の経済学は衰退し、アングロサクソン流の新古典派の経済学を中心に教えられてきたのではないかと思います。マルクス主義を実践していた国、例えばロシア、中国においても、いまやマルクス経済学を教えるのではなくて、ミクロ・マクロを教えているという事態がありますね。

イギリスのＰＰＥ

根井　教育関連で言うと、もし私が教養教育について講演しろと言われたら、まずオックスフォードの例を出します。ＰＰＥと称されますが、「Philosophy, Politics and Economics」、つまり哲学と政治学と経済学の三つを学ぶというコースがあるんです。この教育は、もともとは一九二〇年代に導入されたのですが、有名な経済学者ではジョン・ヒックス（一九〇四―一九八九）がここを出ています。あまりに古典教育中心だと社会的なニーズに応えられないということで、こういうコースが導入されたようです。いろいろ批判もありますが、イギリスではわりと成功したほうではないでしょうか。

外国の新聞の電子版などを見ると、政治家で出世している人や首相に、このコースを出た人が多くて、今の首相のキャメロン（一九六六―）や、むかしのウィルソン（一九一六―一九九五）、ヒース（一九一六―二〇〇五）ほか、閣僚にも数名いるようで、一部マスコミでは「権力へのパスポート」などと書かれることもあります。報道する側のBBCやガーディアンなどにも、このコース出身が多い、けっこう倍率の高い人気コースです。

橘木　それは、学者ではなく、いわゆるエリート養成のための教育機関という理解でいいですか。

根井　ええ。おそらくここを出て経済学者になるというのは難しいのではないかと思います。むしろ官僚になるとかですね。

橘木　オックスフォードといえば最初からエリートを生み出す学校ですよね。ＰＰＥというのは、政治家や実業家、官僚、マスコミ、そういうところで指導者になる人を養成する教育の代表と理解したらいいですね。

根井 でも私の後輩にあたる同僚は、こういうコースには批判的です。

橘木 エリート養成はいかんと。

根井 ではなくて、余計な二つ（哲学、政治学）があるがために、ろくな経済学は身に付かないと（笑）。

橘木 ああ、なるほど（笑）。ミクロ・マクロ・計量を充分に教えていないと言いたいわけですか。

根井 まあ、教えていないわけではないんですが。イギリス人だったら、パブリックスクールで古典語は勉強しているでしょうし、より広い視点を持つためには、いいコースではないかと思います。いわゆる教養主義ではないけれど、それに近いものを学ぶコースとしては、とてもいいと思います。例えば一年目は三つの科目を並行して学ぶことになるのですが、哲学のメニューでは一般哲学に道徳哲学、それから初歩的な論理学。政治学は、イギリスとフランス、ドイツ、アメリカを中心に勉強する。民主主義国家の理論、制度の分析です。経済学ではもちろん、ミクロ・マクロ、それから経済学に使われる数学。これを一年生で勉強する。

これが本当に身に付いたらすごいことです。しかし、これを日本で実行できるかというのは別問題で、このコースでどういうことをやるかを詳しく見てみたら、たぶん日本でやるのは難しいと思います。例えば二年、三年になると、もっと難しくなって、哲学だと倫理学、現代哲学、それとプラトン、アリストテレス。政治学だと比較政治や政治の理論、国際関係論。経済学だとやはりミクロ・マクロ・計量ということになってきます。

今の日本の経済学部生を見て、経済学と同時にプラトンやアリストテレスを勉強したい人がどれぐらいいるかを考えると、日本で導入するのは難しかろうと思います。イギリスでは、幸いパブリックスクールの古典語の伝統があったから、やれなくはないのでしょうが。

橘木　私は今の話を聞いていて、やっぱりオックスフォードだからできるんだと思います。オックスフォード、ケンブリッジというのは最初から優秀な人が集まって、エリートを目指していますからね。そういう学問を一生懸命勉強するというのが合っている。だけど、日本のように高校を出た人の五〇パーセントを超える人が大学に入ってくるような時代に、プラトン、アリストテレスを教えようとしても、根井さんが言われるとおり、ほとんど関心をもたないと思います。だから私は、いわゆるリベラルアーツじゃなくて、実務教育をもっとやれというのが持論なんです。

根井　私も、オックスフォードだからできるのだと思います。ＰＰＥはオックスフォードにあるコースで、ケンブリッジには、アルフレッド・マーシャルが創設した優等卒業試験（エコノミクス・トライポス）というのがありますが、ＰＰＥの人たちがこれを受けても、いい成績は取れないのではないでしょうか。こちらは経済学に特化しているので、メニューを見るとかなりハードです。ケンブリッジの経済学のメニューはもう七割ぐらいはアメリカ的なものですが。

橘木　そうすると、オックスフォードとケンブリッジの間でも、かなりやり方が違うんですね？

根井　ＰＰＥのほうが、どちらかというとジェネラリスト養成型ですね。

橘木　まあ、ケンブリッジのほうは自然科学の伝統があるから、そういうテクニカルなことにも関心があり、オックスフォードはどちらかというと、人文科学・社会科学やリベラルアーツという文系のほうに強いというのもあるんじゃないでしょうか。

根井　このＰＰＥのようなことがもし出来るのであればいいのですが。

主流派への異論

根井　イギリスの大学の制度はものすごく多様で、大学によって全然違うので、最初はPPEのようなものはオックスフォードにしかないと思っていたら、そうではないんですね。最近、とくにリーマンショック以降、現代経済学はこれだけ発展したと言われているのに、なぜああいう金融危機を防止できなかったのかという反省が出てきました。イギリスでは「Post-Crash Economic Society」などという学生団体まで出来て、現状の経済学教育つまりアメリカ的な経済学教育に対する強い反対が出てきているらしい。

橘木　それは知らなかった。

根井　そういった動きは、マンチェスターから始まったようです。大きな組織変革、カリキュラム変革までにはつながらないような気がしますが、どこの国にも疑問を持つ人がいるように、イギリスでも問題に気づいてきた人は少なくないようです。実際こういう動きは、フランスではもっと前からありました。フランスでは学生がよくストライキみたいなことをやります。二〇〇〇年に当時の新古典派中心のカリキュラムに対する学生の反乱があって、授業ボイコットに至りましたが、それに賛成する教員まで出てくるところがフランスらしいところです。結果的にはそれほど大きな変化にはなりませんでした。もともとフランスという国はアングロサクソンには染まりたくないという伝統があるので、向こうの新聞記事を見ていると時々そういう動きが出てくるんですね。それが最近は、イギリスにまで出てきています。

橘木　先ほども名前を出した、一時はフランスで非常に力があったレギュラシオン学派というのがそれに相当すると考えていいんじゃなんですか。ポスト・マルクスです。アングロサクソン流の経済学はダメだと言ったのがレギュラシオンですからね。今レギュラシオン学派がフランスでどの程度の力をもっているのか、ご存知ですか？

根井　それほど強くないと思います。

橘木　もうだいぶ落ちてきた。

根井　ええ、おそらく。ちなみに、フランスのレギュラシオニストと日本でそう言われた人たちかなり毛色が違いますよね。日本のレギュラシオニストは若い時はマルクス主義の影響が強く、政治的な運動をやっていた人もいるようです。

橘木　山田鋭夫さん（一九四二—）などでしょうか。政治的な運動についてはわかりませんが。

根井　しかしフランスでは、マルクス経済学からレギュラシオンに行ったかというと、必ずしもそうではないケースもあるのではないかと。もとは日本でいう官庁エコノミストだった人もいます。

橘木　私の知っているロベール・ボワイエ（一九四三―）や、ミシェル・アグリエッタ（一九三八―）は、マルクス主義に親近感を持っていたように記憶していますので、そういう人もいます。

根井　レギュラシオンに限らず、いま評判の経済学者トマ・ピケティをみてもそう思います。ピケティを二一世紀のマルクスのように言う人がいますが、本を読んだら全然マルクスではないですよ。分析的な現代経済学そのものです。富の不平等というようなことを言っているから、マルクス的なところにつながるというだけです。自分でもマルキストでないと言っています。

橘木　私が格差なんてやっていると、時々「お前マルキストか」と言われるのと一緒ですね（笑）。

根井　しかも英語版のタイトル「Capital in the Twenty-First Century」というのを「二一世紀の資本論」なんて訳すからよくないのです（笑）。「二一世紀における資本」と言っているだけなのに。

橘木　なるほど。

根井　ピケティがロックスターのようにアメリカで歓迎されたと新聞には載っていたんですが、私の師匠などを見ると、そういうのは全然新しくないし、むしろ日本ではよくあるタイプの研究ではないでしょうか。

キャリア教育とリベラルアーツ

根井　もう少し教育の話をすると、例えば、猪木武徳さん（一九四五―）のような方がおられて、経済学には人文学教育が必要だというようなことを言われるわけです。それには共感するんですが、リベラルアーツを現実の教育に取り入れるのは非常に難しいと思います。猪木さんの言われることははっきりしていて、マニュアル化しやすい人間の知識もあるけれども、そうではない非認知的知力も重要であり、それには人文学の素養がいるのだと。「人文知」という言葉も使っておられます。

確かにそうで、イギリスの経済学者にも似たようなことを言う人はたくさんいますし、私もわかるんですけれども、そもそも「教養」は教えることはできないと思います。私たちは、経済学史では精一杯思想の多様性を教えますけども、それで教養が身に付くかというと、そういうことではないと思うんです。
　リベラルアーツや教養教育などと言われるものに惹かれる人は、教養というものが、教室で教えられるものだと勘違いしているのではないかという気がしてなりません。

橘木　教師が、こんないろんな考え方がありますよと教えて、興味のある人は自分で勉強しなさい、ということですか？

根井　最終的にはそうなりますが、私たちにできるのは、おそらく知識の断片を教えるだけで、それをどう受け取って自分の勉強に生かすかは、学生のほうにかかっているので、これは体系的には教育できない。猪木さんのような教養人を大量生産はできません。

橘木　いや、そのとおり（笑）。猪木さんのように非常に学識の深い人はそういうところに到達できるけど、今や大学には一八歳人口の半分以上が進学している世の中になっているわけですよね。猪木さんはよく古典を読めと言うわけです。例えばアダム・スミス、ジョン・スチュアート・ミル、あるいはアリストテレス、プラトンと。でも、いわゆる古典を読むという作業を今の大学生に要求しても、チンプンカンプンというか読まない人がほとんどだと思う。ちょっと厳しい言い方ですが、古典を読めといわれても、そういうことには関心がない学生がたくさんいるわけです。だから、できるとすればせいぜい、古典のエッセンスを教師がわかりやすく教えてマスターしてもらうと。古典を最初から最後まで読まなくてもいいように、いわゆる人文、リベラルアーツの知識の断片を伝えるということしかないと思いますね。

根井 オックスフォードのＰＰＥに触れましたが、哲学、政治学、経済学などを幅広く学んだ人が権力の座につくというのは、悪いことではないと思います。でも、繰り返しますが、日本にはそのまま移せないと私は思います。彼らはパブリックスクールから、おそらくラテン語などを勉強しているはずです。そもそも伝統というものが違います。

橘木 やっぱり彼らは最初からエリートなんです。一部のエリートだから、ＰＰＥに行って古典を勉強してもこなせるけども、一八歳人口の半分が大学に入る日本で、ＰＰＥのようなことを全員に教えたって、ポカンとしているだけだと思います。それと日本のエリート高校では、イギリスのパブリックスクールと異なり、受験勉強ばかりしていて、哲学や教養を教えていませんので、違いがあります。

根井 それにＰＰＥは非常に競争率の高いところですからね。とりわけ優秀な学生が行っていると思います。猪木さんがどうやってああいった教養を身につけられたかは知りませんが、お父様が偉い学者（政治学者の猪木正道）でしたから、たぶんアカデミックな雰囲気の中で育ったのだと思います。環境だけの問題ではないと思いますが、育つ環境は大きな要素です。

学者も古典は読んでいない

橘木　古典を読めという人が多いんだけど、そもそも専門の学者すら古典を読んでいる人は、もうそんなに多くないと思います。というのは、古典を読んでいても、今の新古典派経済学の世界では論文は書けないんですよ。学術誌というのが世界中にいっぱいあるので、そういうところに出ている論文を読むのが先で、リカードだ、ワルラスだ、ケインズだといった本を一所懸命読んで、学術論文を書けるかといったら書けません。だから、専門の経済学者すら古典はそんなに読んでいないよと。

根井　確かに、それはそう思います。ケインズの『一般理論』などでも読んでいる人のほうが少ないでしょうし、スミスの『国富論』などはもっと少ないでしょう。私のような学史の専門家であれば読みますが……。だから、古典を中心とした教育というのは、一部にしかできないということですね。経済学のPh.D.というのは、教養人とは違って大量生産が可能なんです。マニュアル化されやすい教育で養成できるから。これは日本としては導入しやすいわけです。京大など、日本もそうなりつつありますし、いずれそれがマジョリティになっていくでしょう。

ただ何度も繰り返しますが、それに対する反対があることはわかる。つまり経済学がそれだけだと思われるのは困るという不満はわかるんです。でもそれは、その人たちがやっている科目で補えばいい話で、学生も、ミクロ・マクロ・計量だけで卒業するのがいいこととは思っていないでしょう。みんながコースワークに適性があるとは限らないですし、歴史が好きな人も、哲学が好きな人もいるでしょう。しかし、それは他のカリキュラムで補えばいいことで、異端派でも、コアとなるもの、正統派というのは知っておかないといけない。だから日本学術会議の「参照基準」が出てきた時には、仕方がないのではないかと思ったわけです。経済学史学会では、こういうことを言ってはいけないらしいですが(笑)。

大学のレベルと教育のレベル

橘木　私はね、経済学部に入ってくる九〇パーセント以上の学生は、経済学を勉強したいと思って入ってきているわけではないと思っています。どこの大学のどの学部を受けるかは、自分の偏差値、学力と学費のことを考えて、何々大学の経済学部が適当だろうという判断で来るのが圧倒的に多いでしょう。しかも将来学者になろうなんて思うのはほんの少数なわけで、単位を無事に取れてどこかの企業に就職できればいいと思っているのが大半です。そういうところへ、教える側が必死になって、どういう経済学を教えなければいけないと言ってワーワーやっていることすらおかしい。そういう議論は、大学院の学生に対して、どういう教育をすべきかということに相当するのであって、学ぶほうの学生がどれだけ経済学を勉強したいと思っているか、非常に疑問だと言いたい。ちょっと嫌みな質問ですが、京大で経済学を勉強したいから経済学部を選んだという学生は、多少はいるんですか?

根井　少ないパーセンテージですけど、いると思います。

橘木　私の個人的な体験から言うと、経済学が勉強したいというつもりで経済学部を選んだというより、親がサラリーマンで、サラリーマンになるのが自然だと思っていたから法学部か経済学部かという感じでしか考えてなかったというのが、大半ではないかと。それは、根井さんにとっては残念ですか?

根井　いや、それでいいんじゃないですか。今の高校生というのは昔の高校生とは違うので、そんなに読書の幅は広くないし、京大生だろうが、そう変わらないでしょう。ただ、一割ぐらいは経済学を勉強したい学生がいるんじゃないかと、私は思います。

橘木　私は一割いたら御の字だと思う。いわゆるFランクの大学に、まじめに経済学を勉強したいと思って来ている学生は、失礼だけどゼロに近いといったほうがいいと思う。

根井　それはそうでしょうね。

橘木　だから、何度も繰り返すけど、同世代の五〇パーセント以上が大学に来るんですから、トップの大学と下の大学とでは、経済学の教え方が違うことは、私はやむを得ないなというふうに思っています。

第二章　経済学と経済学史（その二）

市場原理主義は経済学の傍流

――前回に引き続き、経済学とその歴史についてお聞きしたいのですが、橘木先生は自分は近代経済学の中では主流派ではないとよくおっしゃいますね。しかし、日本経済学会の会長（二〇〇五年度）まで務められた方が主流派ではないというのは、どういうことでしょうか。

橘木　市場原理主義ではダメだと言うからですよ。市場原理主義でとことん行くと格差が広がって問題が出てくるからダメだと言っているわけです。もっとも、市場原理主義的な発言・主張をする人の中でも、自分は市場原理主義者であると宣言したことはないと言う人がいるので、ややこしい側面があります。

根井　経済学史を学んできた目から見ると、橘木さんのおっしゃるようなことこそ、むしろ近代経済学の本流です。

橘木　そういう解釈をしてくれるわけだ（笑）。

根井　私は、市場原理主義なんて言っているほうが傍流だと思います。たまたまマスコミで名前が売れている人が、経済諮問会議など政府の委員会で活躍などするからそのような誤解が生じる。ミクロ・応用ミクロ分野での制度設計の議論や、ゲーム論を使った分析など、そういうことをやっている人たちに、「あなたは市場原理主義者ですか？」と尋ねると、そんなことはないと答えると思います。だから、そういうレッテルを貼ることには、私はつねに警戒しています。ほんとうは、「市場原理主義」ではない方が主流だと私は思っています。

橘木　なるほど。

根井　自民党も同じで、保守本流というのは今の安倍政権とは違いますよね？

橘木　本流は、例えば大平正芳（一九一〇―一九八〇）や宮沢喜一（一九一九―二〇〇七）など、リベラル色がありましたね。

根井　軍事大国にならないようにしてきたのが自民党保守本流のはずで、今の政権はそれから見ると傍流のはずです（笑）。時の政権だと脚光を浴びるので、あたかもこれが主流であるかのごとく見えます。でも実際は、長い自民党の戦後の歴史を見るとそうではないし、経済学も同様で、長い経済学の歴史を見ると、橘木さんのような立場こそ本流だと私は思います。

格差社会への警鐘

――橘木先生は、一九九八年に出された格差社会についての著作で、急に社会にコミットしはじめたかのように見られがちですが、本質的には自身の研究・思考としてそれ以前から一貫しておられるわけですよね。

橘木　まあ、私は学者としては所得分配などをやってきて論文などは書いていましたが、一般向けにはそういうことは発言していなかった。たまたま岩波新書で『日本の経済格差』という啓蒙書を出す機会を得て、日本で格差が広がっている、このままではいけませんよということを一般向けに書いたわけです。そうしたら、根井さんの先生でもある伊東光晴さんが絶賛してくれた。自分で言うのはおこがましいけど、「一級の経済学者の橘木が国民にわかりやすい形で日本の現状を教えてくれた。これは非常に大事な貢献だ」と言って褒めてくれて、新聞やテレビにワッと取り上げられたという事情なんです。

――本流の経済学を勉強していれば必然的に出てくる議論だったということですか?

橘木 いや、必ずしもそうは言えません。私の意見への反対論というのは、近代経済学者の中でも強いものがあります。統計の取り方が間違いだとか、小泉元首相のように「おれは格差社会が悪いとは思わない」という意見も出てきました。

根井 ただ、橘木さんが労働経済学をやっておられたということは関係していると思いますね。労働者の境遇、所得分配、労働分配率などの問題に、つねに向き合ってこられた。またそこから、人的資本というものにも関心が向いたのでしょう。現在では教育評論家のごとく(笑)、教育関連の本を書いておられるのも、べつに不思議なことだとは思いません。人的資本としての教育問題をやっておられるわけですよね。マーシャルがそうでした。マーシャルに人的資本論の源流があるんです。つまり近代経済学の本流です。だから私は、まったく傍流ではないと思います。

橘木 私もマーシャルは勉強して『課題解明の経済学史』(朝日新聞出版、二〇一二年)にも書きました。前回も言ったように、格差のことをやっていると「お前はマルクス経済学者か」と言われることがあるんです。だから一般には、格差が広がってはいけないというようなことを言うのはマルクス経済学者に固有の思想だという認識が日本にはあるのでしょうね。

根井　日本は、そう考えてしまうことが問題ですね。そう単純ではありません。たとえばアメリカだと、ポール・クルーグマン（一九五三―）は格差を問題にしますが、対するグレゴリー・マンキュー（一九五八―）のブログを見ると、あまり気にしていないんですね。クルーグマン、マンキュー、ジョセフ・スティグリッツ（一九四三―）による有名な経済学の教科書が三つありますが、マンキューだけが共和党寄りで、あとの二人はリベラルで民主党系です（スティグリッツは最近ラディカルになってきていますが）。この二人は、ピケティの『二一世紀における資本』についても、小さな問題はあるとしながらも好意的に批評していますが、マンキューはあまり納得していないようです。

――格差という話は、経済学会の中では今も議論されているのでしょうか？

橘木　いえ、もう忘れられていますね。格差なんて、何を今さらという感じです。これには二つの理由があると思うんです。一つは、格差はあってもいいじゃないかという意見が結局支配的だということ。もう一つは、人間の関心は長い間持続せず、いつでも新しいテーマを求めてしまうということです。現実には貧困者が増加して、むしろ深刻化していますけどね。

――格差論を書いた著者としてはやはり残念だと。

橘木　私は格差があってよいとは思わないけど、日本国民の多数がそれでよいと考えるならば、民主主義の世界ですから仕方がありません。少数派で生きるしかない。

根井　しかし、ピケティのこういう本が出てくれたので、これを契機にまた格差論に目を向けるには、いいタイミングかもしれません。資本主義が安定的というか、比較的格差が少なかった時期というのは、戦後はケインズ主義の時代と重なるようですが、そういう時期は限られていて、長期的に見れば格差の大きな時代の方が長い。さらに最近はその格差が悪化している時期だということですね。

橘木　それはそうです。戦前などは、今よりもはるかにひどい格差社会で、よくみんな生きていたなと思うぐらいの状態です。それが戦後にいったん比較的平等になったけれども、徐々にまた格差拡大に向かっていますよ、というのが私の主張です。

経済学の新たな動向――行動経済学、進化経済学

――経済学の新しい動向として、何か感じられることはあるでしょうか。

橘木　最近の学会では、人間の個人的なさまざまな行動について、なぜ、そういういう行動を起こすのか、という観点から分析しようとする動きが出ています。例えば、なぜ人は結婚するのか、なぜ子供を産むのかなどですね。むかしだったら経済学が関与しなかった心理的な問題にまで経済学が登場してきて、人間の脳の構造をたどり、どういう指令が起きてどういう脳内物質が出てというような、いわゆる脳神経学のような知見を借りて経済行動を説明するという傾向があります。

どうしてこういう傾向が出てきたかですが、一つには、人間の行動記録についてのデータがたくさん出てきていることです。何月何日、何をしていたか、何を買ったかなど、個人の経済行動を示すデータの収集が進んだので、人間はどういう行動をしているかをデータから裏付けて確認しようというのです。そういった統計データを用いていろいろな分析をやるのが計量経済学ですから、それには計量経済学の発展というものが非常に貢献してきました。

それとともに、経済学が心理学を導入しはじめて、人間がどういう心理状況でどういう消費行動を起こすのかというようなことを考えだしたのも一つの新しい動きで、これはダニエル・カーネマン（一九三四—）というアメリカの心理学者が二〇〇二年にノーベル経済学賞を受賞したことに代表されます。

根井　今、橘木さんが言われたのが、行動経済学と呼ばれるもので、以前は経済心理学と言っていました。私の後輩で京大教授の依田高典さん（一九六五―）がこの専門家で、中公新書で『行動経済学』（二〇一〇年）という本を書いています。二〇世紀には、人間の完全な合理性というものを仮定した経済モデルが支配する時代がかなり長く続きました。二〇世紀の終わりぐらいになって「限定合理性」ということが言われだした。これ自体は、ハーバート・サイモン（一九一六―二〇〇一）がずいぶん前から言っていることですが、これを真剣に取り入れる経済学というのが、二一世紀になってようやく、行動経済学として花開いたという感じでしょうか。その流れで、カーネマンが、心理学者にもかかわらず経済学のノーベル賞を取るまでつながったということですね。脳科学と協力して進んできた神経経済学というものも、ここから派生したものではないかと思います。

ともあれ、行動経済学というのは、もとからやっていた人も、やっていなかった人も含めて、一つの流行みたいなものではありますね。最近の経済誌や経済新聞を読むと、必ずこういう記事が出てきます。

橘木　そして私の見るところ、もう一つの動きは進化経済学会という学会の動きに代表されています。経済学にはマルクス経済学と近代経済学という二つの流れがあるわけですが、それらが不毛な対立をしているのはいかんという思いから別の経済学を考えようという人が出てきた。既存のマルクス経済学と近代経済学双方への不満を感じる学者の中から、新しい流れを作ろうという動きが出てきて、進化経済学という学派が生まれました。

私はその進化経済学会に何回か参加しました。しかし、彼らが意図しているようなことは、なかなか成功していないと思います。悪く言えば、不満分子がいろいろ言っているなという印象なのが第一点。もう一点は、むかしの経済学の学会と全く違いのない論文がたくさん出ているということです。これがなぜ進化経済学なんですかと、疑問を呈したくなるほど、むかしの近代経済学の正統的な論文と全く違いのない論文がたくさん学会で発表されているので、彼らの動きが何のためだったのかわからない。根井さんは、進化経済学については、どうですか？

根井 日本で出来た進化経済学会は、私の同僚や教え子がけっこう参加していますが、私は関係していません。進化経済学という学会が出来ると最初に聞いた時に、まずはアメリカの事情が思い浮かびました。

アメリカには、「The Assosiation for Evolutionary Economics」という学会が一九六〇年

代からあって、ここで何をやっているかというと、いわゆる制度派経済学なんです。ホームページをみると、アメリカのソースティン・ウェブレン（一八五七―一九二九）、ジョン・ロジャーズ・コモンズ、ウェズリー・ミッチェル（一八七四―一九四八）の名前を出して、私たちは彼らの思想を受け継ぐ経済学を立ち上げると書いてあります。そして、どういう問題関心があるかということが、ホームページの最初に出ています。例えば、経済パフォーマンスにおけるさまざまな文化の役割や、国内および国際的な所得の不平等、経済的な結果を形成するにあたっての経済的政治的権力の役割など、つまりかつて制度派経済学が扱ったようなことが書かれている。有名な人を挙げると、ジョン・ケネス・ガルブレイスもこれを支援した一人です。こういうものは以前からあったんですね。

だから日本の進化経済学会も、そういうのをやるのかなと思っていたら、実際にできたものを見てみると、どうも雑多な集団になっている。思想史の人もいれば、モデル分析しかやっていないような人もいるし、「進化」の定義がそれぞれ違うようなんです。塩沢由典（一九四三―）という有名な進化経済学者の「進化」は、かなり生物学的な進化の概念に沿ったもののようなのですが、ほかの人の「進化」は、どうも違う。人それぞれ「進化」の概念があると言えるほどまちまちで、私も橋木さんのおっしゃったように、まとまりがないように思います。

ヨーロッパでは一九八八年に、「European Association for Evolutionary Political Economy」という学会ができていますが、これが時期的には日本の進化経済学会と近い。この学会が関係している賞が三つあって、名前を挙げると具体的なイメージがわかると思うんですが、ウィリアム・カップ・プライズ、グンナー・ミュルダール・プライズ、ハーバード・サイモン・ユーススコラプライズです。やはりいわゆる新古典派の経済理論、モデル分析に不満のある人たちの集団ですね、これも。

橘木 根井さんの指摘は正しくて、第二次世界大戦以降の経済学は新古典派が非常に力を得てきて、数学を用いる論文がやたらと出てきた。市場経済を信じるという前提の下で新古典派経済学のいろいろな論文が出てきたけど、そういう動きに対する抵抗感というのがヨーロッパ人にはあった。根井さんが言われたように、マーケットメカニズムだけでは解決できない経済問題というのがいっぱいありますよ、と反旗を翻す考え方が「evolutionary economics」だし、もう一つ私が強調したいのは、数学を使い過ぎるという批判もそこにあった、というふうに理解していますが、合っていますか？

根井 それはあると思います。それと、前回お話ししたフランスの学生たちの反乱も新古典派的教育に対する不満なんです。数学を使い過ぎて過度の抽象的モデルになり、形式主義になっているという批判ですが、こういった批判はフランスからはよく出てくるので理解できます。それのヨーロッパ拡大版が、いま話した進化経済学会でしょう。

しかし、それが日本に入ってきて、なぜあんな雑多な集団なったのかはわかりませんね。工学など経済学者以外の人もたくさん入っているので、外から見ると、あまりまとまりがない。日本の進化経済学会のホームページを見ると一応、声明文は載っていますが、外国に比べると統一はとれていないような気がします。

進化論の影響

橘木　ただ、生物学的な進化論というものにかなり信頼を置く、というのはあるのではないでしょうか。ダーウィン（一八〇九―一八八二）の進化論をはじめ、ハーバート・スペンサー（一八二〇―一九〇三）のように、進化論的な考え方から経済あるいは人間の動きを理解するというのはいいアイデアではないかというような。後になって、人間社会において優秀な人が劣等な人を駆逐する、という社会的ダーウィニズムも出てきました。

根井　進化論を人間社会に応用するということはあると思います。塩沢さんの進化の定義というのは、生物学的な定義に近いものですね。つまり経済には、生物と同じように自己増殖と変異というのがあって、商品であろうが制度であろうが技術であろうが、そういう過程を経る、という類推で始まっています。しかし、学会の誰もがそう思っているわけではないというところが弱点で……。学史的に見ると生物学を強調したのは二人いて、一人はマーシャル、もう一人はウェブレンです。この二人は進化論の影響が大きいですね。

橘木　あ、そうなんですか。

根井　ウェブレンはとくに大きいです。経済学がなぜ進化的な科学でなければならないかということを、一九世紀末から言っています。進化経済学、制度派経済学では有名な人物ですが、イギリスのジェフリー・ホジソン（一九四六―）という学者が、進化経済学の真の先駆者はウェブレンだと考えています。マーシャルも進化論の影響が非常に大きい。ただ正確にモデル化できたかどうかは別ですが。マーシャルの一番の業績というのは、理論化という点から見ると、普通は『経済学原理』（一八九〇年）の第五編だと言われています。これは需要と供給の均衡理論を説いたところです。第六編が国民所得の分配で、本当はそこをメインにしたかったのだけれども不十分なまま残ってしまった。彼はそこで経済生物学というのを展開したかったわけです。

当時は、ハーバード・スペンサーの社会進化論もあって、マーシャルはそういう時代の空気を吸ってかなり進化論の影響を受けたんです。だからこそ『経済学原理』の扉を開けるとダーウィンの「自然は飛躍せず」という言葉が引いてある。そして「経済学は初歩的段階ではメカニカル・アナロジーに頼るけれども、発展した段階ではバイオロジカルなアナロジーのほうに移行する」と言いました。ただ、マーシャルの業績として理論的に残ったのは、メカニカル・アナロジーに基づく需給均衡理論だけだった。だから彼の経済生物学というのは未完に終わったわけですね。このようにアイデア自体は以前からあるけれども、それを経済分析の中に取り入れるというのは、それ以後もなかなか難しかったようで、マーシャル時代の雰囲気というのは彼の次の世代には受け継がれませんでした。アーサー・セシル・ピグー（一八七七—一九五九）という人がマーシャルの後継者になるんですが、ピグーの書いたものを見る限り、どちらかというとメカニカル・アナロジーのほうに近いと思います。ケインズには、そういう進化論の影響はほとんどありません。

アメリカではウェブレンが進化論の影響を受けて、制度を進化するものと捉えていました。そこで、はじめから進化論的な経済学として制度経済学を構成しようとしたんですが、これも異端ということになってしまいます。だから、二〇世紀は、彼らの期待と違って物理学をモデルにした力学的なアナロジーが勝ってしまったということです。

橘木　その最大の貢献者は、やっぱりサムエルソンになりますね。彼はもともと物理学を勉強していて数学も強く、一般均衡論やマクロ経済学を物理の概念を使ってやりだして、それに世界中の経済学者が飛びついたというようなところが大きいですね。進化経済学に全面的に反対ということではなくて、現在、新古典派的な市場原理主義があまりにも横行し過ぎているから、そういう点を是正するという考え方は、私は悪くないと思います。もっとも社会的ダーウィニズムは好みではありませんが。

ラディカル・エコノミックス

――新しい流れというより、二〇世紀の中心的な流れに対するアンチテーゼみたいなのがあると。

橘木　アンチテーゼで言えば、もう一つ。マルクス経済学のバリエーションとして、アメリカでラディカル・エコノミックスという流れがありました。日本語でいうと急進派経済学です。一九七〇年代、八〇年代に、サミュエル・ボールズ（一九三九―）やハーバート・ギンタス（一九四〇―）といった人たちが、伝統的なマルクス経済学には立脚しないけれど、例えば、どういう人が教育を受けられるのかや、所得の分配の不平等はなぜ起こるか、というようなことを一所懸命勉強して、いわゆる新古典派経済学だけでは説明できない経済分析があると言った。サムエルソン流の新古典派が支配的な時代に、やはり一部に新古典派に抵抗する思想がアメリカから出てきたというのは面白いと思います。日本でも一部に支持者がいましたが。

根井　その社会的な背景にはベトナム戦争があったと思います。反戦運動との関係で、宇沢弘文さんあたりも好意的に紹介していました。

橘木　青木昌彦さん（一九三八―）もそうですね。

根井　『ラディカル・エコノミックス』という一九七三年に中央公論社から出た青木さんの有名な編著がありますね。学生の頃に「ああ、こういうのがあるんだな」と思ったけど、すぐにメインストリームからは消えてしまいました。青木さん自身の関心も企業論というか、比較制度分析のほうに行ってしまった。青木さんが転向したかどうかは私は微妙に思いますが、ただ理論的にはちょっと違うほうに行ってしまったのではないかと。

橘木　それは、非常に面白い指摘です。私は青木さんと京大時代長い付き合いですから、青木さんの遍歴というのはよく知っている。最初、彼は東大ではマルクス経済学を勉強していたんです。学生運動も盛んにやっていましたけどね。でも、その後で「マルクス経済学はしょうもない学問だ」となって、近代経済学に移ったわけです。それでアメリカに行って Ph.D. を取って、分権的に経済を運営する制度の良さを研究する分野で非常にいい仕事をして、経済学者としての地位を固めた。そうなると、周りの人からは「ああ、青木はマルクス経済学から新古典派経済学に転向か」という声もあった。

私の見るところ、青木さんはそういう批判を多少気にしたと思うんです。それで、アメリカにラディカル・エコノミックスなんていう考え方があって、なんとなく郷愁を感じた。ボールズやギンタスはハーバード時代の友達だし、そういう関係から彼らのやっている経済学を日本で紹介しようというような気持ちだったのかもしれませんが、彼自身がそういうことに心酔して、分析しようとするようなことはあまりなかった。根井さんが言われたように、彼は日本企業というものを分析して非常にいい業績を上げた。

根井　ただ青木さんにはある意味、ラディカルあるいは革新的であろうとし続けたというふうにも見える面があるんですね。最初は私も青木さんの書かれた経済学の本だけを見て転向されたように思っていたんですが、青木さんが朝日新聞の書評委員をなさったことがありました。その書評を見ると、なかなか普通の主流派では言いそうにないようなことを時々書かれている。はっきりは書かれていないけれども、言外の意というのが行間に読めるんです。

ワルラス的均衡論というのが正統としてあって、これを普遍モデルとしてサムエルソンを中心に戦後の経済学が作られてきた。青木さんたちは、それに対して、ワルラス的均衡というのは普遍モデルではなく、それぞれの国にそれぞれの形で均衡が成立する可能性があることを、それも思想ではなくゲーム論を使って説明しようとする。つまり、新古典派的な経済学を普遍モデルとして提示されたことに対する反発というのがあって、そういう意味ではラディカルだったのではないかと私は思います。

経済学はフランスから始まった

―― 二〇世紀の経済学の中心原理というのは、ごく単純に言うと需要と供給の一致という均衡理論と、個々の人間の合理的判断を前提とする方法論的個人主義だと言っていいでしょうか。

橘木 もう一つあります。企業は利潤最大化を図るというのが重要な原理ですね。私は『課題解明の経済学史』を書くために、経済学の父とされるアダム・スミスを勉強してみたのですが、スミス以前にも何人か経済学的なことをやった人がいますね。例えばイギリスのトーマス・マン（一五七一―一六四一）はスミスの『国富論』の先駆けとして、重商主義経済というのはいったいどういう原理で働いているかという関心から、貿易差額の最大化を図るような理論を唱えました。フランスでは、ケネーなど、経済の基本は商業ではなくあくまで農業にあり、農業を発展させることが経済の中心課題であるという、いわゆる農本主義あるいは重農主義があった。ウィリアム・ペティ（一六二三―一六八七）の、労働するということが経済の価値を生む源泉であるという労働価値説もありました。この三人、マン、ケネー、ペティの三つの考え方が、集大成されて、アダム・スミスの『国富論』になったという解釈をしているんですが、それが正しいかどうか、経済学史の専門家の根井さんにお聞きしたいんです。

根井　ペティは、労働価値説ということでは先駆者の一人ではあると思います。イギリスの場合、労働価値説はほかにもありますが、スミスのすぐ前のペティの影響は、もちろんあったと思います。ただ、トーマス・マンはどうかわからないですね。ケネーについては、私はケネーこそ経済科学の創設者だと思っていますし、スミスより偉いと思っています。

橘木　なるほど、そうですか。フランス好きの私にとっては好ましい考えです（笑）。

根井　重農主義と言われてはいますが、physiocracyというのは本来は「自然の支配」という意味です。農業を重視したのがその時代の限界ではあるんですが、ケネーは社会的な富の再生産のメカニズムというのを初めて表であらわしました。個人の意思と離れて、社会的再生産の客観的経済法則が成り立つというのを示したという意味では、ケネーは経済科学と言っていいものを創造した、唯一とは言えないですけども最初の一人です。

スミスもケネーを大変尊敬していて、パリに行った時に会ったこともあります。ケネーが生きていれば、『国富論』もケネーに献じられるはずだったんです。『国富論』の後ろのほうに経済学説を長々と書いているところがありますが、富を貴金属として捉えた重商主義についてはすごく批判的に論じている。なぜなら、スミスにとって、富とは労働によって生産される「一切の必需品と便益品」のことでしたから。ケネーも、やはり重商主義批判を意図していて、純生産物を生むのは土地のみだと強調しました。スミスは、農業だけを生産的と考えた点は問題だけれども、ケネーがこれまでの経済学の中では一番真理に近づいたと非常に高く評価しています。

だから、ケネーは別格だと思っていまして、実は私は最初ケネーの研究者になりたかった。私の大学院での最初の指導教授は菱山泉先生でしたが、菱山先生は初期はケネーの研究をやっておられまして、「経済表」の研究などをされていた。私はもちろんケンブリッジ学派にも関心はありましたが、ケネーというのは非常に魅力的でした。今でも、最も偉大な経済学者の一人だろうと思います。

橘木　ピケティの『二一世紀における資本』がアメリカで大変な評判になっていることを、何人かのフランス人と話しますと、彼らは、経済学はフランスで始まったんだと言うんです。根井さんがケネーを非常に評価していると言われたように、ケネーが経済学の創始者であって、それがいつの間にかスミス、リカードといったアングロサクソンに取られて、非常に悔しい思いをしていたけど、やっと二一世紀になってピケティというスターが出てきた。フランスもいよいよアングロサクソンに対抗できる経済学者を出したという評価がフランスである、ということなんです。ピケティがどこまで行けるかどうかわからないけど、フランスとしては、経済学はフランスから始まったという自負があるんじゃないですか。

レッセフェールと自由主義は違う

――経済学がフランスで始まったという理由は、何かあるのでしょうか？

橘木　いわゆる封建領主が農民をコントロールして重税を取るということをやっていたし、

農民は支配者に抑圧されていてあまり自由がなかった。それを、農民を抑圧するな、自由にやらせろというのが、フランス語で言うレッセフェール（laissez-faire）なんですよ。農民に自由な経済活動をさせるということが経済の根幹だという思想が、重農主義の一つの重要な要素です。

だから、レッセフェールという自由に経済活動をさせろという主張もフランスから始まったのに、アダム・スミスが『国富論』で自由主義経済が一番いいんだというようなことを言い、なんとなくアングロサクソンにレッセフェールの考え方が取られてしまった、という恨みつらみが、フランスにはあるみたいですね。

根井　ただ、レッセフェールという言葉には誤解が多いんです。確かに、イギリスには、自由放任に近い時代があったと思いますが、ケネー自身は、いわゆるレッセフェール、自由放任主義とは違うと思います。

私は、経済的自由主義と自由放任は違うと常日頃言っています。ケネーの場合、自由主義ではあるけれども、あの頃はまだ経済学自体が出来上がろうとしている頃で、「経済表」というのは一つの理想的な農業王国のモデルとして提示されました。真ん中に主権者を含む地主階級、左に生産階級（農業）、右に不生産階級（工業）が描いてあるのですが、真ん中の主権者を含む地主階級というのは、結局は国家がその役割を果たさないといけないんですね。当時のフランスでは「支那学」が盛んで（今でもかなり盛んですが）、ケネーも中国に大変関心を持っており、彼の全集を読んでいくと「中国の専制政治」という論文があります。日本語訳がなくて、フランス語でしか読めないものですが。

橘木　フランスと中国は、いわゆる中華思想で共通のところがある証拠ですね。

根井　中国では農業を非常に大切にしていて、プラトンの哲人が王になるような理想が実現されているとして、どうも中国を買い被っているようなところがあります。つまり、ケネーの「経済表」の真ん中にいる主権者を含む地主階級とは、開明的な専制君主なんです。そして、その開明的専制君主が農業にとって非常に都合のいい政策をとってくれないといけないわけです。農業の再生産を良くするように、純生産物のみに課税するとか（純生産物は結局地主階級の収入となるので、地主階級のみが納税者となるということです）、財政支出の生産的使用を考えるとか、さらに公共事業も入っています。まだそういう思想が残っているので、完全な自由放任ではありません。

でも、それがアングロサクソンに行った時に、いつの間にか国家はほとんど必要ないかのように誤解された面があった、あるいは利用された面があると思います。スミスだって、書いたものを見る限り自由放任ではない。ケインズが一九二六年に『自由放任の終焉』という本で初めて自由放任を否定したかのように思われていますが、学史的には間違いです。古典派経済学で文字通りの自由放任であった人はごく少数で、自由放任という言葉は非常に誤解を招きやすいように思います。

橘木 これは非常にいい修正をしてくれました。

――国家というのは経済の要素としては排除できないと。

根井 その答えになるかどうかわかりませんが。古典派の時代は経済学はポリティカル・エコノミーというふうに言われていたんですが、これも非常に誤解の多い言葉で、もし古典派の文献に「ポリティカル・エコノミー」とあれば、日本では単に「経済学」と訳せばそれでいいと思います。これを「政治経済学」と訳すとむしろ誤解を招く。

なぜかというと、日本語の「経済」という言葉自体が中国の「経世済民」から来ているわけです。かつてポリティカル・エコノミーという言葉が使われていたけれども、ポリティカルというのは、むかしは国家全体の利益に関わる言葉として使われた。ボディ・ポリティークといえば統治体という意味です。しかし、一九世紀末ぐらいのマーシャルが生きていた時代になると、ポリティカルと言えば、例えば政党などを見るとわかるように、一部の利益しか指さない言葉になってしまった。だから、マーシャルは、夫人と一緒に書いた『産業の経済学』（一八七九年）という本のはじめのほうで、ポリティカル・エコノミーという言葉は非常に誤解を招きやすくなったから、もうこの言葉はやめてエコノミックスという言葉にしようというふうに言った。ただ、マーシャルはエコノミックスを、現実とかかわらない純粋理論としてやろうとしたわけではありません。

ですから、ポリティカル・エコノミーをわざわざ「政治経済学」と訳す必要はないと思います。現代であえて「政治経済学」と言う場合、それは何か意図があるからそう言っているわけで、古典派の人たちについて「政治的」と付けるのは逆に誤解を招くところがあると思います。

橘木　ちょっと余談をさせてください。私はアメリカのジョンズ・ホプキンス大学でPh. D. を取りましたが、私たちがホプキンスにいた時には、経済学部は「Department of Political Economy」となっていました。アメリカの大学ではめずらしく「Department of Economics」ではなく「Political Economy」だった。なぜなら、アメリカで初めて大学院教育を始めたのはジョンズ・ホプキンス大学とシカゴ大学なんです。両方ともヨーロッパの影響を強く受けている。それで、ホプキンス大は、エコノミックスとは言わずにポリティカル・エコノミーと言ってヨーロッパの伝統を保ってきたんですが、私が卒業して二〇年ぐらいしたら、もうアメリカではポリティカル・エコノミーなんて古くさいということで、ホプキンスですらエコノミックスに変えてしまいました。

根井　もう一つ付け加えますと、アダム・スミスもポリティカル・エコノミーと言っていますが、最後のところで、それは統治者のための学問だというふうに考えているわけですね。だから自由放任であるはずがないのです。フランスでは、La Science Économique という言葉を最初に使ったのはケネーです。ケネーも、それは社会の統治のための学問と考えています。開明的な専制君主が農業を重視するような政策を取るということです。歴史上初めてエコノミストと自ら称したのは重農主義者です。もちろん、レッセフェールという言葉もあったわけですが、だからといって、彼らは国がやるべきことをないがしろにしてもいいと考えたわけではありません。そのあたりが誤解のもとなんですね。だから、私はレッセフェールという言葉はあまり使わないようにしています。

橘木　レッセフェールを英語ではどう訳しているんですか？

根井　フランス語のまま使っています。

橘木　そうすると、英語ではそれを意味する言葉が作れなかったということですか。それもなかなか面白い。

根井　レッセフェールなど、まともな経済学者は説いてないと言えると思います。ケインズは、自分の先生だったアルフレッド・マーシャルも私的な利益と社会的な利益が調和しない例を『経済学原理』の中で挙げていると言っていて、彼らはちゃんとわかっているわけです。アダム・スミスやその他の人の著作にもレッセフェールという言葉は出てこないと言っています。

マーシャルのパラドックス

橘木　根井さんはそうすると、マーシャルというのはすごくいい経済学者だという評価をしておられるのですね。

根井　古典派の一番良いところを受け継いだ経済学者だと思います。ミルを受け継いだ最上の人だと思います。

橘木　そうですか。労働経済学の私の立場からみますと、マーシャルは教育の役割を強調している経済学者です。生産性を上げるには教育をもっと充実させなければならないと。当時、イギリスは義務教育ではなかったので、税金を使ってすべての国民を教育するために義務教育にしなければいけないというようなことを言っている。そういう意味では、マーシャルというのは労働経済学のはしりだと、私は評価しています。

根井　それは正統な評価です。先ほど触れたように、マーシャルの場合は進化論の影響を受けているので、全部の考えが、進歩や進化と関連しています。人間性、ヒューマン・ネイチャーというのは進歩しないといけないという考えがあるんですね。労働者教育に力を入れたのも、教育することによって、もっと自分の教養のため、あるいは生産性を増すために賃金を支出するような生活態度を身につけてほしい、と彼は思っていたからです。企業家のほうも、今はお金を稼ぐ利潤最大化ばかりやっているけれども、だんだん社会的な意識に目覚めて、公益のためにお金を提供するような態度を身につけてほしいから、「経済騎士道」という有名な言葉を使った。進歩の過程があるはずだけれども、今はそうなっていないという認識がありました。

だから、社会主義が出てきた時に、初期には、彼はかなりの関心を持って、影響も受けたんですが、今の段階で社会主義にしても駄目だという結論になったのは、人間性がまだそこまで進歩していないという理由からですね。彼の場合も、進化というのは一つのキーワードなのです。

橘木　また余談になりますが、マーシャルははじめは数学を勉強していたんですよね。しかしロンドンの貧民街を見て、これはダメだ、自分は経済学に転向する、となったというのは本当の話ですか？

根井　ええ、本当です。

橘木　今は数学から経済学に転向する人が多いですが、昔からそういうケースがあったということが、マーシャルから言えますね。

根井　マーシャルはとても偉い経済学者で、私も尊敬しているんですが、ケインズでさえ反発したのはなぜかというと、こういうことがあります。ケインズが『マーシャル伝』の中で、マーシャルには科学者としての側面と説教者としての側面の二つがあった、彼は二つの本性を持っていたと言っています。ケインズに言わせれば、断然、科学者としての側面のほうが優れている。ところがマーシャル自身は、説教者としての側面を重視するところがあって、とくに晩年、「経済騎士道」が重要だとか、お説教のように聞こえることを強調した。シュンペーターも同じように、ああいうビクトリア期のお説教を聞くようなのはウンザリすると言っています。そこが、晩年人気をなくしていくというか（笑）、次の世代に受け継がれなかった理由の一つかもしれませんね。マーシャルの需給均衡理論は今でも残っていますが、進化について述べたことは残っていないわけです。

橘木　あまりにも説教じみていたからですか。

根井　私はそうだと思います。しかし彼は現実を重視した。本当は科学者としてのcool headのほうが優れているんですが、労働者階級に同情する心すなわちwarm heartを強調したがる人だったので、貧民街を見てショックを受けて経済学を志したと。ピグーも似たようなことを言っています。しかし、残ったものは何かというと、マーシャリアン・クロスと言われる需給均衡理論だけで、これが皮肉なところです。

橘木　なるほど。経済学史家はおもしろい逸話をいろいろご存知なので、聞いていて楽しいです。

LSEの左右対立

――　労働者への注目で言うと、マーシャルの前にマルクスがいるわけですが、イギリスの古典派がマルクスについて評価した部分はあるのでしょうか？

根井　先にも述べましたが、マーシャルの教育を重視する労働者論というのは、ミルの影響だと思います。マルクスの『資本論』というのは、第一巻は最終的に資本家階級と労働者階級の対立が激しくなって資本主義の崩壊に至るというストーリーになっています。マルクスの場合は、やはり資本家と労働者という二大階級の激しい対立になってしまうので、労働者教育を重視したイギリスの古典派の考え方とはちょっと違いますね。

教育を重視した労働者階級への政策というのはミル以前からの古典派経済学にあったものです。レッセフェールは誤解を受けやすいと言ったのは、ケインズの『自由放任の終焉』によって古典派経済学では政府は何もしなくていいと言っていたのかというような誤解が生じたからです。古典派という藁人形のようなものを作って、古典派はこう考えていて自分はこうだ、みたいなふうにしてしまった。古典派が本当にレッセフェールだったかどうかは、また別の問題です。ちゃんと原典を当たってみると、そんな人はあんまりいないということがわかります。

例えばライオネル・ロビンズ（一八九八—一九八四）という、ケインズとも論争した保守派の学者は、ＬＳＥ（London School of Economics）の中心になって、ヒックスらとともに新古典派の形成に関わっていきますが、彼自身は学説史にものすごく関心があって、死後、彼の経済学史の講義録まで出ました。彼は一九五二年に『古典派経済学の経済政策論（The Theory of Economic Policy in English Classical Political Economy）』という本を書いていますが、古典派経済学者がレッセフェールで何もしなくていいと言ったというのは間違いで、教育や公共財の提供の必要性など、さまざまな分野での社会改革を主張していると述べています。それはかなりの程度当たっていると思います。

橘木　ロビンズが出てきたので、経済学史で根井さんに質問したいことがあります。ロビンズはロンドンスクールで経済学の中心人物でしたね。LSEというのは今でも名門です。イギリスの大学はオックスフォード、ケンブリッジがエリート養成校として非常に有名だけど、LSEというのは、一般の子供も教育するというのが目的でロンドン大学の一つとして作られた学校で、ウェブ夫妻（夫シドニー［一八五九―一九四七］、妻ビアトリス［一八五八―一九四三］）やウィリアム・ベヴァレッジ（一八七九―一九六三）など、わりあい社会主義に親和的な思想を持った人たちが中心になって作ったものというふうに理解しているんです。だとしたら、なぜ保守的なロビンズみたいな考えの人がLSEに行ったのでしょう。フリードリヒ・ハイエク（一八九九―一九九二）もLSEに行きましたからね。LSEの中で、いわゆる左右の対立というのはあったんですか？

根井　対立はもちろんありました。LSEを創立した人たちは、バーナード・ショー（一八五六―一九五〇）や、のちの労働党へとつながるフェビアン協会の人たちだから、世間の目にはおそらく社会主義者が作った学校だと思われていたでしょうけど、イギリスの人事というのはわりと公正ですから、べつに左翼だけでスタッフを固めたわけではありません。もともと、いろんな立場の人がいたんです。ロビンズが学生として勉強していた時も、保守的な人もいたし左派的な人もいた。政治思想のハロルド・ラスキ（一八九三―一九五〇）が一番左翼です。ラスキ、ロビンズというのは、左右を代表する名前になり、ラスキは限りなく共産主義に近づき、ロビンズは一時さらに保守的になってしまった。そういうことからすれば、人事においてはとくに左派が有利だったというわけではないようです。

橘木　そうなんですか。

根井　両方いたようですね。だから、森嶋通夫さんがLSEにいた一九七〇～八〇年代でも、森嶋さんはイギリスの大学の人事は公正に行われるというのを誇りにしていたようなところがあります。たぶんLSEも、左翼だから雇うというようなことはなかったのではないかと思います。というか、そうでないとちゃんとした経済学は教育できないので。たしかに左派系の人の名前は大きいけれども、ロビンズの時代でも、自分の時代でも人事は公正に行われたと森嶋さんは言っています。ただ、ロビンズは非常に面白い人で、私が大学院生の頃この人の評伝を書いたとき（『経済評論』三七巻八号、一九八八年）、希少な資源の配分ということがどのような文脈で出てきたかよくわかりました。これは「希少性定義」という新古典派経済学の核になった定義ですね。つまり、人々の欲望はたくさんあるのに、それを満たすための手段は希少であると。彼は自ら志願して第一次大戦に従軍し、結局負傷して帰ってきますが、そのあと、一時社会主義運動に身を投じているんです。

橘木 へえー。

根井 それで最初は運動が面白かったようですけれども、途中から社会主義者には経済論がないと気づいた。労働組合などに産業の統制を委ねたらすべて上手くいくというような素朴な考えを持っていて、人々の欲望を満たすための資源が希少だという視点がないと。そこで、一度は大学を中退していたのですが、ＬＳＥに入り直して経済学を勉強します。そこから「希少性定義」に行くんです。今の初歩的な経済学で習う、例えば予算に制約があるなかで消費者の効用を最大化するにはどうするかというモデルは、ロビンズの定義からストレートに出てくる理論ですね。ロビンズ自身は非常に面白い人です。

橘木 なるほど。

根井 彼の場合は実感がこもっているんですね、希少性というものに。

a part-time academic economist

橘木　イギリスの経済学者といえば、やはりケインズを根井さんに語ってもらわないといけない。私は、ケインズというのは、ピグーらの古典派理論を標的にして自分の経済学を打ち出したという理解なんですが、ケインズは多才な人で、そもそも自分は経済学者だと思っていたんですかね？　官僚として勤めたり、生命保険会社の経営をしたり、いろんなことをやっていますよね。あれほど多才な人だと、自分の人生の中で経済学はどれだけウエイトを占めていたのかというのが気になります。

根井　まず人の評価を紹介すると、一九七二年にノーベル経済学賞を取ったジョン・ヒックスは、ケインズは、"a part-time academic economist" にすぎなかったと言っています。褒め言葉としてです。

橘木　はあ、なるほど（笑）。

根井　ええ。彼が経済学に対して使った時間というのは人生のほんの一部ですから。それでも経済学に革命的な変化を起こしたというのだから、なおさらすごいと私は思います。

橘木　そうですね。しかも彼は大学教授になっていませんね。ということは、経済学を本業としてではなく副業としてやっていた、それにもかかわらず、理論的にはとてもいい仕事をした。

根井　本人は言っていませんが、広い意味でのポリティカルな批評家、あるいはジャーナリストというふうに思っていたかもしれないですね。日本はジャーナリストというと、なにか学者の下のように思う雰囲気があります。とくに象牙の塔にいると、そういう人が多いですけれども（笑）、イギリスではジャーナリストはそんなに軽い存在ではないと思います。ケインズほどのスケールの大きなジャーナリストであれば、ジャーナリストというのは、褒め言葉として使われるはずです。理論的な仕事も全部含めて、彼の生涯全体は、やはりジャーナリストの活動だと思います。

橘木　それに政策の分野でも、ＩＭＦ（国際通貨基金）を作った会議に、彼はイギリス代表で出ていますね。そういう現実の政治経済の分野でもとても活躍した。政策の担当者でもあるし、ジャーナリストでもあるし、ロシアンバレリーナと結婚する派手な男でもある。一介の経済学者では終わっていない、すごい人です。

ヨーロッパの教養

橘木　ところで、ヒックスが出たから質問しますが、ヒックスはケインズのようにあれこれやっていない。それこそ、"a full time academic economist" で終わった人と解釈してもいいですよね。森嶋通夫さんはヒックスを大変尊敬していたし、彼はＬＳＥでサー・ジョン・ヒックス教授という冠教授の地位に就いたので、名誉に思ったでしょう。イギリス人から見たら、どちらが尊敬の対象ですか？　やはりケインズですか。

根井　圧倒的にケインズのほうが大きいでしょうね。ヒックスの現実社会・政治に関わる仕事としては、一九五〇年代あたりに各植民地が独立するにあたって、それを手助けするような仕事はありますが。

橘木　へえ、そうなんですか。

根井　でもそれは、ごく一時期だけのことです。ただ、ヒックスは理論家としては博学だったと私は思います。数学もできたし、しかも語学力がありました。

橘木　それは意外だなあ。

根井　当時は、大陸の経済学者の著書の英訳というのはあまりありませんでした。ワルラスの『純粋経済学要論』（一八七四・七七年）も英訳はなかったし、ヴィルフレド・パレート（一八四八―一九二三）もイタリア語で読まないといけなかった。ヒックスはダンテも原書で読めたようです。

橘木　それはすごい。

根井　ドイツ語ももちろん読めました。だから彼の『価値と資本』（一九三九年、邦訳は岩波文庫）を見てもわかるように、英・独・仏その他の文献をたくさん使ってあります。

橘木　それは今のアングロサクソンの経済学者に言いたいな。今活躍している経済学者はドイツ語やフランス語なんてほとんど読めない。「オレたちは英語で勝負しているんだから外国人も英語で勝負しろ」という態度ですよ。ところが、一世代前のイギリスの経済学者のヒックスはドイツ語もラテン語も読めたというのは、すごいですね。

根井　とくにヒックスだけが凄かったのかどうかは、わからないんですが。

橘木　イギリスで言えばロイ・ハロッド（一九〇〇―一九七八）などは？

根井　ハロッドももちろん古典語の教育を受けていますから、教養はあると思います。

橘木　彼らはほとんどパブリックスクール出身だから、そこで古典語を勉強しているんですね。

根井　ええ。ケンブリッジでいちばんすごかったのはデニス・ロバートソン（一八九〇―一九六三）ではないかと思います。彼はケインズと対立するわけですが、もちろん古典語の勉強をしていますし、それで賞をもらってもいます。景気循環理論が流行った時に、ロバートソンが学会で司会をしたことがありました。そこでは、ラグ（lag、時の遅れ）やアクセラレーター（accelerator、加速度因子）、マルティプライヤー（multiplier、乗数）など、専門用語が飛び交って計量経済学的な手法を使った議論が進んでいるわけです。司会者は最後にコメントをしますよね。その学会コメントがのちに彼の本に収められるんですが、コメントに韻が踏んであり、一編の詩のようです。タイトルは、「The Non-Econometrician's Lament（非計量経済学者の嘆き）」となっています（笑）。

橘木　はあー、なるほどねえ。

根井　彼の経済原論の講義は書いた文章を読み上げたようですが、そこでも韻が踏んであります。それほどの文章力があった世代はあそこまでで、それ以降はないと思います。

橘木　またピケティの話をすると、ピケティがアメリカで評判になったのは、英語版が出たからですよ。フランス語で出している本が、翻訳されてアメリカで出版されたから騒がれたわけで、ひとむかし前であれば、アメリカやイギリスの経済学者でもフランス語で読んでいたはずです。だから私は時代の変化は激しいなと思います。

根井　ヒックスの頃までは、少なくともヨーロッパの学者であれば、二カ国語ぐらいできるのは、ごく普通だったのではないかと思います。

橘木　そうですね。それに、むかしの日本の経済学者も、英語・フランス語・ドイツ語はだいたい読めたんですよ。前回も名前を出した福田徳三は、ドイツの大学で博士論文を出しています。私の知る限りでは、彼は五カ国語ができたという語学の天才だったわけです。ところが今の経済学者だと、ドイツ語・フランス語なんて誰もできない。根井さんはできますけどね。言葉は英語で十分、ドイツ語、フランス語よりも数学を勉強しろという認識のほうが強い時代になっています。

根井　まあ、経済学は数学に時間を使わないといけない時代になっていますから、それだけ語学の比重は落ちたとも言えます。ただ、ヨーロッパでパブリックスクールなどで教育されてきた人にとっては、私たちがドイツ語やフランス語を勉強するのと比べれば、例えばイギリス人が同じヨーロッパの他の言語をマスターするのは、そんなに難しいことではないと思います。ケインズも語学はあまり得意ではなかったですが、『確率論』（一九二一年）の中で挙げられている文献には、フランス語のものもドイツ語のものもあります。ハロッドは、もちろん古典語の素養もあったと思いますが、晩年には『社会科学とは何か』というタイトルで岩波新書にもなっている本があり、そこで優れた文学に触れる必要性を語っています。

経済問題というのは社会関係の一つの側面を切り取っただけだから、実際の政策にするには、人間性や社会的な要因など非経済的な側面に対して配慮しないといけないわけですね。もっと簡単に言うと、マーケット（市場）のことだけではなくて、それ以外の配慮が必要だということです。経済学者には、人間性と社会関係についての理解が必要だ。それはどこで学ぶかというと、一流の文学作品を読むことから得られるとハロッドは言うわけです。これがイギリス的な知性であって、むかしも今もアメリカ人だとそういうことは言わない（笑）。

橘木　（笑）まあ、そうは言ってもサムエルソンなどはまだ古い世代だから、古典は読まないといけないとは思っていたでしょうが、今の現役の経済学者には、そういう人はゼロじゃないかな。

根井　ロバートソンの貨幣論の教科書などには、各章の冒頭に『不思議の国のアリス』の引用があります。その章を象徴する何かヒントのような引用で始まるんですね。そういうのが章ごとにある。ヒックスの『価値と資本』も、最初にミルトンの『失楽園』からの引用があります。シュンペーターにいたっては、『源氏物語』の英訳も読んで紫式部のような女性と話がしてみたいと言ったり、死の少し前に会った人によるとギリシャ語の本を読んでいたりしたそうです。あの時代は、それが一流の学者の知性だったんですね。

橘木　ヨーロッパのインテリは本当にすごい。

根井　そういうレベルを知っていると、私たちが学者と言っていいのかどうか（笑）。

橘木　そのことに絡めてピケティの評価をもう一つすれば、七〇〇ページに及ぶ彼の本の中に、バルザックなど文学作品がたくさん出てくるんですね。彼の経歴を見たら、ＥＮＳ（高等師範学校）という非常に格調の高い学校の卒業生なんです。そういうところで、しっかりした古典文学や哲学の勉強をした。そういう経済学者が出てきたという点を私は評価しているんです。

根井　ただ、文学作品の引用などをすると、経済学者には受けがよくない。

橘木　それは日本でそうなのでしょうか。

根井　橘木さんもマルセル・プルーストがお好きなんですよね。フランスで研究されていたことがあるとはいえ、アメリカに留学してPh.D.を取られた方がプルーストが好きだというのは、非常に稀なことだと思います。まだ著書で、プルーストの引用はなさっていませんが。

橘木　そこまではできませんよ（笑）。

根井　『失われた時を求めて』なんかが引用してあると、ものすごくかっこいいと思います。

橘木　『レ・ミゼラブル』とかね、いつかそういう小説から引用して論文を書きます（笑）。

根井　若い人には勧められませんけどね（笑）。経済学は、もともとモラル・サイエンス、モラル・フィロソフィーから派生したものなので、人間性についての関心というのは、初期の頃は非常に強かったわけです。だから、見方を変えて言いえば、そういう人間性に対する関心は、現在では行動経済学のような心理学との結合で経済学を革新する方向に流れていった。ある意味で、それは伝統的な経済学の反省なわけです。限定合理性にしても、アイデア自体は前から知られていたのに、そちらの方向に行かなかった。これらは二〇世紀経済学の瑕疵として残るのかもしれない。

アメリカ経済学会の誕生

根井　アメリカでPh.D.を取ってきた人たちと時々話すんですが、彼らは歴史を知らない。アメリカ経済学会がどうやってできたかというのを知らないんですね。実はアメリカ経済学会はドイツ留学帰りの人たちが設立しようとしたんです。今でもリチャード・イーリー・レクチャーというのが会長の講演としてありますね。学会創設の功労者のひとりであるリチャード・イーリー（一八五四―一九四三）がドイツ帰りです。ドイツの社会政策学会をモデルにアメリカ経済学会を作ろうとしました。

橘木　それは知らなかった。

根井　イーリーは、一八六五年に経済学会会則を作る段階で国家の役割というのを大きく取り上げたんですね。しかしレッセフェール派も多かったため反発も大きくて、これは結局のちに削除されます。とはいえ最初にアメリカで学会を作ろうとした中心メンバーで、功労者だからイーリー・レクチャーという名だけは残っている。しかし、どういう人なのか知らない人が多い。

橘木　それが嘆かわしいと。

根井　アメリカだって後進国だった時期があるわけですから、保護主義の国だった。だから、ドイツの影響があるというのは、当然のことだと思います。

橘木　それは、古典派経済学を批判したドイツ歴史学派の影響がアメリカに引き継がれたという解釈でいいですか？

根井　ええ、アメリカでいうと制度学派的な関心ですね。

橘木　なるほど。

根井　それで、どういう会則を作ろうとしたか。私の本（『物語 現代経済学』中公新書、二〇〇六年）にも書いたことがありますが、今の人が読めば、アメリカはレッセフェールだというイメージとは、ちょっと違う内容が出てくると思います。

イーリーが会則として「原理の表明」というのを出そうとしたわけですが、その一番目に「我々は国家をもって、その積極的援助を人類進歩のための不可欠な、教育的で倫理的な機関であると認める」とあります。二番目は「科学としての経済学は今なお発展の初期段階にあるものと信ずる。我々は過去の経済学者の成果を評価するが、その十分な発展のためには思索よりもむしろ経済生活の現実的諸条件の歴史的・統計的な研究を重視する」。三番目は「資本と労働の対立は多くの社会問題をもたらしたが、我々はその解決のためには、教会・国家および科学おのおのの領域における総合的努力が必要であると考える」。四番目に「政府の商工業政策の研究にあたって我々は党派的な態度をとらない。経済状態は漸次的に発展するものであり、それは、それに対応する立法政策の発展によって対処されなければならないものと信ずる」。そして、これが誤解されるといけないので、「この声明はアメリカ経済学会を設立した人々の見解や目的を一般的に示すものとして提示され承認されたものではあるが、個々の会員を拘束するものと見なされるべきものではない」と註が付けられています。しかし、このイーリーによる原理表明そのものが、のちに会則から削除されます。

こういうことを言うのはドイツ帰りだからです。これに非常に反発して学会に入らなかった人もいる。イーリーのこの「原理」を削除して、ようやく入ってくれたという人たちが、レッセフェール派には少なくなかった。その後は、どちらかというと科学的な路線に沿った発展になっていきます。初期にはこういう状況があって、ドイツ歴史学派の影響を受けてアメリカでは制度学派が生まれてくる。一時はその影響は無視できないくらい大きかったのですが、次第に消えていく。しかし、時々息を吹き返すんですね。例えば一九三〇年代にはコモンズがニューディールに影響を及ぼしたり、戦後では、ガルブレイスが出てきたりする。それは突然変異的に出てきたのではなくて、過去からの流れがあるわけです。

橘木　新しくみえる学説であっても、歴史的にはすでに言われていたことだ、というようなことがあるわけですね。

根井　だから、戦後だけを見て判断しないようにしたほうがいい。つまりそれ以前の歴史もみないといけない。日本の場合は、輸入学問で後からいっきに入ってくるので、歴史の流れがわからなくなります。進化経済学もアメリカの制度学派を受け継ぐ「進化」の意味であれば、六〇年代からアメリカに学会はあるので、進化というのが一九九〇年代に突然出てきたわけではないのです。思想史などをやっている立場から見ると、新しいように言われているけれども発想自体は新しくはないというのが、経済学では多いですね。

第三章　ノーベル賞からみる経済学

経済学賞はノーベル賞ではない⁉

――これまで歴史的な視点から経済学というものをみてきましたが、二〇世紀の経済学の潮流を考える際にノーベル経済学賞というのは一つの参照軸になると思います。今回はそのあたりからお話をうかがいます。経済学賞はノーベル賞の中では創設がいちばん新しいものですね。

根井　最初にことわっておきたいことがあります。一般に「ノーベル経済学賞」と言われていますし、マスコミでもこの名称が定着していますが、正確な名称は違います。そもそも経済学賞は、アルフレッド・ノーベル（一八三三―一八九六）の遺産に基づく正式な賞の中には入っていません。経済学賞は正式には「アルフレッド・ノーベル記念スウェーデン国立銀行経済学賞」と言い、スウェーデン国立銀行が創立三〇〇年を記念して一九六八年にノーベル賞財団に基金を提供して創設されたのが始まりです。受賞者は六九年から出ています。第一回はラグナー・フリッシュ（一八九五―一九七三）とヤン・ティンバーゲン（一九〇三―一九九四）、第二回はサムエルソンが受賞し、現在まで続いています。

「ノーベル経済学賞」が俗称だということは公式のホームページにも載っています。この賞が今お話ししたような経緯で創設されて、受賞者の選考もスウェーデンの王立科学アカデミーがおこなっていると書いてありますが、最後に **"not a Nobel Prize"** とちゃんと記されています。（ノーベル賞については根井『物語　現代経済学』中公新書、二〇〇六年も参照）

橘木　でも、ノーベル賞の授賞式では、経済学賞も他の賞と全く同じ形で授与されますよね。

根井　はい。ノーベルの子孫たちは、そのことに非常に不満で以前から批判しています。私としては、受賞者はそれぞれの分野で先駆的な仕事を成し遂げた学者たちなので、選考に文句を付ける気はありませんが、ノーベルの遺志ではないものをあとになって付け加えたことに対しては、ほかの賞の関係者も、ノーベルの子孫たちも、あまり良く思っていないことを念頭に置いておくべきだと思います。とくに、あるノーベルの血縁者は、ノーベル経済学賞というのは「PR coup by economists to improve their reputation」、つまり自分たちの名声を高めるために経済学者によって作られたものだと言っています。人類の幸福のための業績に授与するべきもののはずなのに、大半は西欧の価値観を共有する人たちばかりです。とくに金融工学関係に初めて出した年は批判が多かった。多少、金融工学への偏見もあるかもしれませんが、〝金儲け〟みたいなものに与えている、という批判だろうと思います。

橘木　世界で最初に国立銀行を作ったのはスウェーデンですし、優れた経済学者もたくさん生んできたという歴史の自負があるわけですよね。だから、自国で生まれたノーベル賞という素晴らしい制度を借りて、スウェーデンの経済と経済学者をもっと宣伝しようという意図もあったのではないかという気がします。

根井　選ばれているのは、初期の頃は錚々たる面々で、経済学を学んだ人はもちろん、専門外の人でも知っているぐらいでしたけれども、だんだん専門化が進んできて、最近になればなるほど、ある特定分野の開拓者になり、ほかの分野の人はあまり知らないかもしれないという感じになってきましたね。仕方のないことだと思いますが。

橘木　やはり、創設から五〇年近くになるため、むかしは大家がもらっていたけど、最近になると、小さな分野でも何か新しいアイデアを提供してその分野を開拓した人にも贈られているという意味で、小粒になってきたというのはやむを得ない現象だと私も思います。

根井　サムエルソンなどは、かなり漠然たる理由でもらっていますね。「静学的および動学的経済理論」を発展させて、それを通じて経済分析の水準を引き上げたと。つまりあらゆる分野に貢献しているということですよね（笑）。こういうジェネラリストタイプは、二〇〇一年受賞のジョセフ・E・スティグリッツを例外として、もうあまり見かけません。

橘木　おっしゃるとおり。

左派は排除される？

根井　よく言われる問題点は、リベラルより少し左の人が排除されているのではないかということです。

橘木　これについては、審査員がだれかということが大きな理由だと思います。私がヨーロッパにいた時に、スウェーデンの経済学者に会って聞きましたが、エリック・ルンドベ

ノーベル経済学賞受賞者一覧

年度	受賞者	国籍
1969	ラグナー・A・フリッシュ	ノルウェー
	ヤン・ティンバーゲン	オランダ
1970	ポール・A・サムエルソン	アメリカ
1971	サイモン・S・クズネッツ	アメリカ
1972	ケネス・J・アロー	アメリカ
	ジョン・R・ヒックス	イギリス
1973	ワシリー・W・レオンチェフ	アメリカ
1974	フリードリヒ・A・フォン・ハイエク	イギリス
	K・グンナー・ミュルダール	スウェーデン
1975	レオニード・V・カントロヴィチ	ソ連
	チャリング・C・クープマンス	アメリカ
1976	ミルトン・フリードマン	アメリカ
1977	ジェイムズ・E・ミード	イギリス
	ベルティル・G・オリーン	スウェーデン
1978	ハーバード・A・サイモン	アメリカ
1979	W・アーサー・ルイス	イギリス
	セオドア・W・シュルツ	アメリカ
1980	ローレンス・R・クライン	アメリカ
1981	ジェイムズ・トービン	アメリカ
1982	ジョージ・J・スティグラー	アメリカ
1983	ジェラール・ドブリュー	アメリカ
1984	J・リチャード・N・ストーン	イギリス
1985	フランコ・モディリアーニ	アメリカ
1986	ジェイムズ・M・ブキャナン・ジュニア	アメリカ
1987	ロバート・M・ソロー	アメリカ
1988	モーリス・F・アレ	フランス
1989	トリグヴェ・M・ホーヴェルモ	ノルウェー

1990	ハリー・M・マーコウィッツ	アメリカ
	マートン・H・ミラー	アメリカ
	ウィリアム・F・シャープ	アメリカ
1991	ロナルド・H・コース	アメリカ
1992	ゲイリー・S・ベッカー	アメリカ
1993	ロバート・W・フォーゲル	アメリカ
	ダグラス・C・ノース	アメリカ
1994	ジョン・C・ハルサーニ	アメリカ
	ジョン・F・ナッシュ・ジュニア	アメリカ
	ラインハルト・ゼルテン	ドイツ
1995	ロバート・E・ルーカス	アメリカ
1996	ジェイムズ・A・マーリーズ	アメリカ
	ウィリアム・S・ヴィックリー	アメリカ
1997	ロバート・C・マートン	アメリカ
	マイロン・S・ショールズ	アメリカ
1998	アマルティア・K・セン	アメリカ
1999	ロバート・A・マンデル	アメリカ
2000	ジェイムズ・J・ヘックマン	アメリカ
	ダニエル・L・マクファデン	アメリカ
2001	ジョージ・A・アカロフ	アメリカ
	A・マイケル・スペンス	アメリカ
	ジョセフ・E・スティグリッツ	アメリカ
2002	ダニエル・カーネマン	アメリカ／イスラエル
	ヴァーノン・L・スミス	アメリカ
2003	ロバート・F・エングルⅢ世	アメリカ
	クライヴ・W・J・グレンジャー	アメリカ
2004	フィン・E・キドランド	アメリカ
	エドワード・C・プレスコット	アメリカ
2005	ロバート・J・オーマン	イスラエル

	トーマス・C・シェリング	アメリカ
2006	エドムンド・S・フェルプス	アメリカ
2007	レオニード・ハーヴィッツ	アメリカ
	エリック・S・マスキン	アメリカ
	ロジャー・B・マイヤーソン	アメリカ
2008	ポール・R・クルーグマン	アメリカ
2009	オリヴァー・E・ウィリアムソン	アメリカ
	エリノア・オストロム	アメリカ
2010	ピーター・ダイアモンド	アメリカ
	デール・モーテンセン	アメリカ
	クリストファー・ピサリデス	イギリス
2011	トーマス・サージェント	アメリカ
	クリストファー・シムズ	アメリカ
2012	アルヴィン・ロス	アメリカ
	ロイド・シャープレー	アメリカ
2013	ユージン・ファーマ	アメリカ
	ラース・ハンセン	アメリカ
	ロバート・シラー	アメリカ
2014	ジャン・ティロール	フランス

（トーマス・カリアー『ノーベル経済学賞の40年（上)』小坂恵理訳、筑摩選書、2012年をもとに作成）

ルグ（一九〇七—一九八七）という、とても影響力のあるスウェーデンの経済学者がいて、その人の意見がかなり重視されていたというんです。ルンドベルグは保守派の経済学者の代表で、福祉国家に反対する立場だった。その人の意向が働いて、一九七四年のフリードリヒ・ハイエク、一九七六年のミルトン・フリードマン（一九一二—二〇〇六）、一九八二年のジョージ・スティグラー（一九一一—一九九一）ら、いわゆるシカゴスクールの保守派、市場原理主義の理論家がたくさんもらったというわけです。シカゴ学派が多いことは受賞者リストを見れば明らかです。

根井　ノミネートの過程でどういう人が関与するかということは公式ホームページにも書いてあって、もちろんスウェーデンの王立アカデミーが関与することは間違いないんですが、かつての受賞者の推薦も大きいんですね。そうすると、シカゴ学派系が増えれば増えるほど有利になるということは言えます。そういうこともあって、結果的には、ケンブリッジ学派では誰もが知っているような、ジョーン・ロビンソン（一九〇三—一九八三）やニコラス・カルドア（一九〇八—一九八六）といった人たちが欠けてしまったわけです。とくに、ジョーン・ロビンソンという女性の経済学者は何度も候補になったはずなのに、ある時期以降かなり左傾化してしまったので、学会では正統派に非常に嫌われるようになったことが受賞の障害になったと言われています。

ノーベル賞の趣旨が業績に対して与えるというのであれば、左派であろうがなかろうが、例えばジョーン・ロビンソンは初期の不完全競争理論についての貢献で与えることも可能だったはずです。不完全競争理論は今、経済学者で知らない人はいないし、経済学の初歩を学ぶ時には必ず出てくるものです。同じようにカルドアその他、ケインズ左派と言われている人たちももらえなかった。左派だとノーベル賞受賞はない、という批判が出るのは、そういうところです。

橘木　でもケインズ理論を発展させたジェイムズ・ミード（一九〇七―一九九五）は一九七七年にもらっていますよね。

根井　ミードは左派とは違うと思いますね。まあ中道でしょう。

橘木　中道左派か。

根井　いや、左派ではない中道です（笑）。むしろ新古典派総合に近いと思います。ロイ・ハロッドもケインジアンですが、彼も左派ではないので、もう少し長生きしたら、もらえたかもしれないですね。

橘木　いわゆるポスト・ケインジアンの中心的な理論は「ハロッド・ドーマー成長モデ

ル」と言われていますから、ハロッドがもらうんだったらエヴセイ・ドーマー（一九一四—一九九七）ももらうべきでしょうが、どちらかが早く死んでしまい、一人だけには与えられないというようなことがあったかもしれないですね。

根井　最近のように、結論は違うけれども理論への貢献ということで与えるつもりであれば、新古典派成長理論とハロッドの成長理論は結論は反対ですが、ハロッドが生きている間に、ロバート・ソロー（一九二四—）と一緒にあげればよかったわけです。しかし、そういう与え方はできなかったみたいですね。ソローは結局、一九八七年に受賞します。

もらうべきではなかった

——一九七〇年代にロシア出身の学者が二人もらっているというのは面白いですね。一九七三年のワシリー・レオンチェフ（一九〇五—一九九九）と、一九七五年のレオニート・カントロヴィチ（一九一二—一九八六）です。

橘木　カントロヴィチという人は数学者です。それも天才的な。

根井　ソ連で数理経済学というのが面白い。ソ連の公式な学問ではもらえないでしょう（笑）。

橘木　一九七一年のサイモン・クズネッツ（一九〇一―一九八五）もロシア生まれですよ。レオンチェフ同様、ロシアで育ちアメリカに移住してノーベル賞をもらった。

根井　初期の頃で注目されるのは、やはり七四年ですね。フリードリヒ・ハイエクとグンナー・ミュルダールが、非常に対照的な右派と左派であるにもかかわらず同時にもらった。受賞理由は、貨幣理論や経済変動理論に加えて経済・社会・制度的現象の相互依存についての研究とありますから、ハイエクでいうと、経済学以外の社会哲学者のような仕事も含まれる。ミュルダールも初期は理論家だったけれども、制度学派に転向してからの仕事が含まれる。立場上は、ハイエクは福祉国家批判、ミュルダールは福祉国家擁護だったので、いろんな憶測が流れたし、本人たち、とくにミュルダールは非常に傷ついたようです。

橘木　ノーベル賞をハイエクと一緒にもらったことにですか？

根井　なぜこういう選び方をしたのかいろいろ噂されて、スウェーデンで作った賞だから、スウェーデン人にあげたいという潜在的な要求からミュルダールに与えたかったとか。しかしミュルダールだけに与えてしまうと、あまりにもナショナリスティックな選考と言われかねないので、バランスをとる意味でハイエクにも与えたと言う人がいたんですね。

橘木　確かに最初のスウェーデン人受賞者ですね。

根井　最初五年間はスウェーデン人に与えないという不文律があって、七四年というのはちょうど創設から六年目なんですよ。この時にミュルダールに与えるのに、そういう批判をかわすためにハイエクと同時に与えた。それ以後、今言ったような憶測も含めていろんなことが言われて、ミュルダールは非常に傷ついたわけです。後に"Nobel Prize in Economic Science"という短いエッセイを書いていますが、「自分はもらうべきではなかった」と反省しています。

橘木　そうなんですか。ノーベル賞にノミネートされて辞退した人は、経済学賞ではいるのかな。

根井　私が聞いた範囲ではいません。「もらうべきではなかった」とはっきりと書いたのはミュルダールだけです。

橘木　ミュルダールのアルバ夫人も一九八二年に平和賞をもらっているんですよね。キュリー夫妻のように夫婦でノーベル賞をもらっているというのも、スウェーデン人としては非常に重要でしょう。

根井　ミュルダール研究者の藤田菜々子さん（名古屋市立大学准教授）によると、スウェーデンでは夫人のほうが有名らしいですが。

橘木　あ、そうですか。ついでながら、一九八九年のトリグヴェ・ホーヴェルモ（一九一一—一九九九）は、「自分がこんなに年をとってから、はるか昔の仕事でノーベル賞をもらうのは心苦しい」という感想を漏らしたと聞きました。

アメリカ以外の受賞者、計量経済学

——一九七〇年代の受賞者を見ると、アメリカばかりということはないんですね。北欧もありますし。

橘木　経済学はヨーロッパで始まったから、やはりヨーロッパ人が強いという自負が選考委員にもあったでしょう。それに、アメリカ人がたくさん受賞するようになったとはいえ、元をたどればヨーロッパ生まれの人が多いんですよ。一九九〇年までで言えば、先ほども名前の出たクズネッツ、レオンチェフはロシア、それから一九七五年のチャリング・クープマンス（一九一〇—一九八五）はオランダ人です。一九七九年のアーサー・ルイス（一九一五—一九九一）は国籍がイギリスで初の黒人の受賞者、一九八三年のジェラール・ドブリュー（一九二一—二〇〇四）はフランス人、一九八五年のフランコ・モディリアーニ

（一九一八―二〇〇三）はイタリア人です。というわけで、アメリカ国籍でも、ヨーロッパで生まれ育ちヨーロッパで教育を受けて、アメリカの大学に行ったという人がかなりいるというのは、大事な点だと思います。

根井　ちょっと悲劇的というかレアケースとしては、ケネス・アローとジョン・ヒックスが同時にもらった一九七二年です。アローは社会的選択理論、ヒックスも、当時は新古典派の一般均衡理論と厚生経済学についての貢献が理由ですが、ヒックスはのちに、自分は初期の立場から次第に離れていったので、それ以後の仕事に対してもらいたかったという感想を漏らしています。

橘木　それは、アローと一緒にもらったのが気に入らないということを間接的に言っているんじゃないですか（笑）。

根井　それもあるかもしれませんね。

橘木　自分のほうがアローなんかより貢献は大である、一人でもらうのが当然だという気持ちはなかったんでしょうか。

根井　確たる証拠はありませんが、そういうことはあるかもしれません。ヒックスはイギリス人で、アメリカの経済学、とくに計量経済学については、あまり高く評価していないんです。晩年には、歴史的時間の中にある経済学という視点を重視しだした。一九七〇年代に大インフレがありましたが、そういう研究を計量経済モデルでやると、例えば貨幣供給の動きがこうだったからこうなった、というような結論になりやすい。けれども、その時にどういう歴史的な出来事があったかを重視しないといけない。例えばブレトン・ウッズ体制が崩壊したとか、石油危機があったとか、そういうことが大インフレを招く要因になり得ると、計量経済学そのものに対する不信を述べています。

橘木　ノーベル賞第一回目のフリッシュとティンバーゲンというのは計量経済学者です。計量モデルを使って経済の分析をやるのが当時はものすごく盛んになりつつあって、その創始者がフリッシュとティンバーゲンなので、私は、ノーベル賞選考委員会自体が計量経済学をかなり重視していたなという気がします。

根井　経済学の歴史を見ていますと、計量経済学が重視されるというのは、ある意味で必然性があります。二〇世紀は質よりも量の経済学が主流になると予言したのは、ほかならぬマーシャルでした。それと、これもずいぶん前ですが、日本経済学会（一九九七年以前は理論・計量経済学会）で中山伊知郎さんがなさった会長講演のなかで、計量経済学に対する大きな期待が寄せられています（「近代経済学について」『季刊理論経済学』一九七〇年四月)。

橘木　でも中山さんの先生であるシュンペーターは、計量経済学が嫌いだったのでは？

根井　いえ、シュンペーターはちょっと複雑で、計量経済学や数理経済学は自分にはできないが、経済学はそういう方向に行くだろうと見ていました。

一般均衡理論の時代が長すぎた

根井　ノーベル経済学賞は経済学という学問の歴史からすれば最近始まったものなので、最初の頃はどうしても、それ以前に業績のある人を優先して授与していたということがあります。一九八〇年代ぐらいまでは、二〇〜三〇年前の業績に対して与えるということになりましたね。フリードマンは一九七六年にもらっていますが、少なくとも八〇年代前半ぐらいまでは、わりにケインジアンがもらっていると思います。ローレンス・クライン（一九二〇—二〇一三）が一九八〇年、ジェイムズ・トービン（一九一八—二〇〇二）が一九八一年、フランコ・モディリアーニ（一九一八—二〇〇三）が八五年です。

ローレンス・クラインは一時、共産党員だったというのでパージされた人ですが、熱心な党員ではなかったようで、受賞するはるか前に転向していました。この人はカーター大統領の時に経済諮問委員会の委員長になりますが、そういう場合、必ずこういう過去は問題になります。なぜ共産党員になったのかという経緯を述べている文章を読んだことがありますが、あまり熱心ではないにしろ、当時、多少左派的な傾向を持っていたことは間違いないようです。経済諮問委員会の委員長は閣僚級ポストだから、ふつう、そういう人は嫌われますが、全然問題にはならなかったようです。クラインは非常に珍しい例かもしれません。トービンは、最近だと為替取引に税金をかけようというトービン・タックスで、時々名前が出ます。

一九八二年にはジョージ・スティグラーが、一九八六年にはジェイムズ・ブキャナン（一九一九―二〇一三）がもらっていますから、シカゴ学派も増えていくのですが、七〇年代から八〇年代初期にかけてはケインジアンが多かったという気がします。

橘木　スウェーデン経済学界は、クヌート・ヴィクセル（一八五一―一九二六）などを筆頭に隠れケインジアンというか、ケインズと同じようなことをやっていた人が多かったですからね。だからスウェーデンはケインジアンの伝統を重視したということが、ここに現れている。ところが、先ほど名前を出したように、ある時からルンドベルグの発言力が大きくなってきて、保守派を出さないといけないというので、シカゴ学派がどんどんもらいだしたという経緯があると思います。

根井　初期は、ミクロ経済学は一般均衡理論が主流でしたから、ドブリューが一九八三年で、フランスのモーリス・アレ（一九一一―二〇一〇）まで入れると八八年になりますが、七〇～八〇年代の中頃ぐらいまでで、一般均衡理論への貢献と言われている人たちは、ほぼもらい尽くしたと言えます。だからこの頃までに、森嶋通夫さんも受賞してほしかったと私は思います。そのあとは一般均衡理論分野の業績は出尽くしたという感じになって、代わってゲーム理論などが台頭してきますね。

橘木　やはり経済学にも流行というのがあって、一般均衡理論をやっていても、もう新しい発見はなさそうだと気がつく。となると、別のことをやりたくなるというのがあるのではないでしょうか。

根井　むしろ私は、一般均衡理論で受賞するアレのような人が、一九八八年までいたこと自体が不思議です。つまり比較的最近の行動経済学につながるような限定合理性という考え方は、前回も名前を出したハーバート・サイモンにあって、サイモンはわりと初期、一九七八年に一人でもらっているわけですね。だから逆に、一般均衡理論以外の仕事に与えるのが少し遅れたのではないかと思います。一般均衡理論の受賞者を八八年のアレまで引っ張ってしまったのはなぜか、という印象は少しあります。それ以後はロバート・ルーカス（一九九五年受賞。一九三七―）をはじめとする反ケインジアンたちが、逆襲に出たという感じですね。

橘木　余談ですが、私が阪大の大学院で森嶋先生の授業をとっていたとき、先生が「君たち、有名な経済学者の名前を挙げてみなさい」と言われるので、我々がいろいろ挙げると、「それは Jewish」「それは non Jewish」と一人ひとりについて言われた。それで、ああ、サムエルソンにしろフリードマンにしろ、有名な経済学者の半分以上はユダヤ人だと気づいて、それが強く印象づけられたことがあります。

根井　確かにユダヤ人は多いと思います。数学者や物理学者でも多いです。

選考対象の変遷と広がり

――ノーベル経済学賞は、数学者や心理学者と呼ばれるような人も受賞していて、学際的な面もありますね。

根井　まあ最近の傾向ですけれどね。

橘木　でも、一九七五年にカントロヴィチと一緒に受賞したクープマンスは、非常に数学に強い人で、これは数学にあげたのだと思いますね。

根井　問題点ということで言うと、数理経済学や計量経済学がもらうのは、もう当然のことだと思いますが、あまりにも正統派の人たちに偏っているという批判が昔からあることです。経済史の場合も、一九九三年受賞のロバート・フォーゲル（一九二六―二〇一三）のような、制度学派に近い歴史家はいますが、もっと広い歴史を扱う学者、例えば世界システム論のイマニュエル・ウォーラーステイン（一九三〇―）のような人にあげる度量はないのかという不満はあるかもしれません。

橘木　フォーゲルと同時に受賞したダグラス・ノース（一九二〇―）も経済史といっても計量経済史ですよね。計量経済学を使って歴史を分析・評価するというもので、根井さんが言われるように、ノーベル賞が、どうも数量的な分析に偏っているという批判は、このフォーゲルとノースを見ても当たっています。

根井　しかし、面白いことに、選考委員会は世論の批判に敏感なところもあります。一九九七年にロバート・マートン（一九四四―）とマイロン・ショールズ（一九四一―）が金融派生商品の価値の決定方法によって受賞した時、日本経済新聞に東大の金融論のどなたかが、あまりにも技術主義的な選考ではないかというコメントを書いておられました。翌九八年には東アジアで金融危機がありましたが、その年に誰にあげたかというと、独自の厚生経済学に貢献したアマルティア・セン（一九三三―）なんです。

この頃にはもうセンはもらえないのではないかと言われていました。だから、センがもらえたのは、前の年に金融工学に賞を出して批判を浴びたことに一つの原因があるのではないかという憶測も成り立ちます。受賞者リストを見ていると、突然センがここで受賞しているのは、ちょっと不自然な気がします。

橘木　センに関して言えば、彼はインド人で初めてのアジア人受賞者なんです。これは画期的なことです。教育はイギリスで受けていますし、その後の活躍の場もイギリスとアメリカです。レオンチェフやクズネッツはロシアで教育を受けて、学者になってからアメリカに行っています。

ノーベル賞の不思議

根井　ノーベル賞では不思議なことが時々あって、例えば二〇〇六年のエドムンド・フェルプス（一九三三―）です。この人にいまさらあげるくらいなら、なぜフリードマンと一緒に授与しなかったんだろうと。ふたりとも似たような業績でもらっていますよね。

橘木　マクロ経済学のミクロ基礎ですね。

根井　インフレーションと失業の関係を示したフィリップス曲線の批判的研究では、よく名前が出てきます。同じような話は計量経済学でもあって、ノルウェーのホーヴェルモも一九八九年にやっともらっていますね。

橘木　さきほども述べましたが、ホーヴェルモは「なぜ今頃自分がもらうんだ」と言ったという有名な話があります。私が大学院の頃、すでにホーヴェルモは計量経済学で非常に重要な仕事をしていました。

根井　ええ、もっと早くにあげればいいのにと私は思いました。確たることはわかりませんが、同時受賞者は三人までという規定が関係あるのではないかと思います。四人にはあげられない。

橘木　だったら、一九六九年にフリッシュ、ティンバーゲン、ホーヴェルモでよかったと思います。想像するに、フリッシュとホーヴェルモはともにノルウェー人なので、第一回目に二人の北欧人は避けた方がよい、という配慮があったかもしれません。

根井　それが不思議です。時々こういうのがありますね。最近は、一九九一年のロナルド・コース（一九一〇―二〇一三）のようなちょっとふつうの理論家とは違うタイプの人が受賞しています。彼の取引費用の分析は新制度学派のオリバー・ウィリアムソン（一九三二―）にもつながるもので、私はこの時、コースにあげるのであればウィリアムソンにも一緒にあげればいいのに、と思いました。ウィリアムソンは結局二〇〇九年にもらいますが、遅いような気がします。日本人としては、そこに青木昌彦さんが入ればもっと良かったかなと思いますけど（笑）。

橘木　コースという人は、論文の数はものすごく少ないんですよね。一桁かせいぜい十数本しかない。ところが学問的貢献がすごい。数学者ではありますが、一九九四年にゲーム理論でもらったジョン・ナッシュ（一九二八―）もそうです。ナッシュにはいろいろな話題があります。後に統合失調症の症状が現れて、普通の生活ができなくなったのですが、プリンストン大学は彼の業績に敬意を払って雇用し続けた。ノーベル賞委員会は彼が受賞記念講演で話ができると確認してから授与を決定しました。ついでながら彼の半生は『ビューティフル・マインド』（ロン・ハワード監督、ラッセル・クロウ主演、二〇〇一年）という題名で映画化され、アカデミー賞を受賞しています。ナッシュの例は、論文の数は少なくても、画期的な仕事をした人にノーベル賞を与えたということですよね。

根井　その点は、私もすごく共感します。コースは、煎じ詰めていくと結局二つの論文です。一九三七年の「企業の本質」という論文と、一九六〇年の「社会的費用の問題」についての論文です。一応コースの論文集には、この二つは入っていますが、ちゃんとまとまった本があるわけではない。でも、のちに新制度学派と言われたり、青木さんの「比較制度分析」と言われたりするアイデアはコースからきているので、そこは、選考委員会の見識を評価してもいいと思います。もっとそういう見識を示してほしいですが（笑）。

それと最近では、いずれはもらうとは誰もが思っていたでしょうけれども早かったなというのが、二〇〇八年のポール・クルーグマンです。受賞理由として国際貿易の分析に加えて、経済活動の立地という経済地理学の業績が挙げられています。それでクルーグマン一人になってしまいましたが、経済地理学への貢献であれば、京大名誉教授の藤田昌久さん（一九四三―）という日本人もいます。クルーグマン一人でなぜ二つの業績を並べたのか、ちょっと不思議です。

橘木　わたしも同感ですね。藤田さん、クルーグマンとアンソニー・ヴェナブルズ（一九五三―）の三人が経済地理学、都市経済学への貢献でもらってもよかった。しかし想像するに、やはりクルーグマンは国際貿易のほうで画期的な仕事をしたというのが先にあって、あわせて経済地理学でも貢献があるということで、経済地理学で三人に与えるよりも、一人にしたんじゃないかな。

根井　まあ、クルーグマンは、かつてのサムエルソンのように現代のスターであることは間違いないと思います。クルーグマンは受賞以後、ブログや講演ばかりやっていて学術論文を書かなくなったと批判されることもあります。彼はガルブレイスが大嫌いで、ガルブレイスのことをメディアタレントと言っていたんですが、今や自分がメディアタレントになっているという、ちょっと皮肉な状況があります。

橘木　クルーグマンの弁護を少しすれば、ノーベル賞をもらったらもう研究は終わりじゃないですか（笑）。それ以上、学問ですごいことなんてできないと思ったからメディア活動に走ったのなら、多少は許してあげてもはいいと私は思いますね。スティグリッツもそうです。彼は、メディア活動をわりあい後から始めましたが。

根井　話を戻すと、経済学賞の場合、受賞の対象となる業績は一応書いてはありますが、業績に授与しているのか人物にあげているのか、もうひとつ明確でないところがあります。自然科学の賞であれば、業績に対して与えるということがはっきりしているので、違う業績で二回もらってもいいわけですよね。キュリー夫人など、実際に二度（物理学賞と化学賞）もらった人もいます。

本来そうであるべきなのに、経済学賞は一度もらえば、事実上もうもらえない。だから業績ではなく、人物を見て左派が排除されているといった批判が出てくるのではないかと思います。サムエルソンであれば、業績だけで与えるのだとしたら、三つぐらいもらってもよさそうですね。ヒックスにしてもそうです。

賞からもれた人

橘木　逆に漏れているのは、どういう人たちでしょう？　まあ、そもそもマルクス経済学者はゼロと言ってもいいですよね。ものすごく大きな学派を形成したマルクス経済学が排除されてきたというのは、やはりバイアスがかかっていると言っても間違いではない。近代経済学では……。

根井　最初のほうでは、やはりジョーン・ロビンソンとカルドア、ハロッド、この三人はケインズの弟子筋ですが、もらってもよかったと思います。

橘木　最近では？

根井　日本人でしたら、やはり森嶋さんは、もらってもおかしくなかったと思います。一般均衡理論関係は八八年のアレまで出ていますから、どこかで受賞してもよかったのではないかと。ほかに日本人であれば宇沢弘文さんでしょうか。

橘木　計量経済学の雨宮健さん（一九三五―）もいますね。二〇〇〇年に質的推定法の計量経済学でジェイムズ・ヘックマン（一九四四―）、ダニエル・マクファデン（一九三七―）が受賞しましたが、残念ながら雨宮さんだけが外れたんです。小宮隆太郎という、とんでもなくすごい経済学者がいますが、理論というよりも応用分野での活躍で、あまり英語でも書いていないから難しいでしょうねえ。文化勲章までもらった、日本の経済学者としてはトップの存在ですが。

根井　近年では、二〇〇九年の制度学派のウィリアムソン、エリノア・オストロム（一九三三―二〇一二。初の女性受賞者）の受賞の時に青木昌彦さんが入ってもよかったのではないかと思います。

橘木　私は青木さんと京大の経済研究所の同僚で、しかも同じ講座にいたから、「青木さんがノーベル賞を取った時はコメントをお願いします」ということで、五〜六年にわたって、毎年、発表の時に新聞待機というのをさせられたんですよ。「残念ですが……」という電話がかかってきて「じゃあこれから外に出かけてもいいですか？」という会話を何回かしたことがあります。だから、青木さんがもらえていないのは、私も残念です。

根井　まあ、まだわかりませんけれどね。まず長生きしないと駄目です（笑）。前に橘木さんから聞いたお話では、サムエルソンとどこかでいっしょになった時に、宇沢、森嶋はもらってもいいと、サムエルソンが言ったということでしたね。

橘木　ええ。イタリアで学会に参加するためローマからシェーナという町に行く時に、サムエルソンと二時間ぐらい一緒に車に乗った経験があるんですよ。その時、彼はずーっと、私に日本の経済学者のことばかり訊いてくるんです。誰それは今何をしているのかとか、ちゃんと研究しているのかとかね。私も知る限りで、いろんな話をした記憶があります。サムエルソンはこんなふうにして情報を得ているんだなとわかりましたが、その時、宇沢、森嶋は、もらってもおかしくないとサムエルソンは言っていました。候補になっているかどうかはフォーマルには伝わってきませんが。

根井　でも、過去に受賞した人からの推薦もあるということなら、サムエルソンぐらいの人が推薦すると、候補になる可能性は高いですよね。

橘木　そういうことになりますね。

シカゴ学派の席巻

――シカゴ大学経済学部を拠点とするシカゴ学派、いわゆる新自由主義の隆盛についてはいかがでしょうか。やはりハイエクがその先駆けと考えてよいでしょうか。

根井　ハイエクは一九五〇年代にシカゴ大にいましたが、経済学部ではありませんでした。シカゴ学派とオーストリア学派（ウィーン学派）とは、厳密には違います。

橘木　ノーベル賞でいえば、一九八二年のジョージ・スティグラーもシカゴ学派じゃないですか？

根井　シカゴで、保守派です。

橘木　それから一九九一年受賞のコースも？

根井　コースはシカゴですが、ロースクールです。

橘木　ほかに、九二年のゲイリー・ベッカー（一九三〇―二〇一四）、九五年のロバート・ルーカスなど、やはり八〇年代以降はシカゴスクールと言われる保守派の経済学者がずらっと並んでいます。一九八六年のブキャナンもそうです。彼はヴァージニア工科大学の所属ですが、シカゴ学派の代表です。フリードマンが受賞してから、シカゴ学派は確かに増えたんですが、彼にはたくさん業績がある反面いろいろ問題もあって、チリの軍事政権に関与したなど、政治的な面で非難の対象になることがあります。だから、ノーベル経済学賞をもらう時にフリードマン反対を叫ぶ人が乱入してきたこともあったそうです。

根井　ブキャナンは、ケインズ政策批判で有名になった人ですね。理論的な批判というより政治的、政策的な批判で、ケインズ政策が減税に偏ってしまって、増税したい時に増税ができないので財政赤字が累積すると。これはある程度事実を突いています。だから均衡財政を原則にすべしと言っていたんですが、現実的にはなかなか難しい。

橘木　ブキャナンのもう一つの業績は、官僚任せはダメだと言ったということです。政府の公共支出を扱っているのは官僚で、自分たちの勢力を強くするために公共支出をやっているんだと、ケインズ政策に反対しました。

根井　公共選択論と言われるものですね。反ケインズということでは、スティグラーたちにもつながります。しかし、スティグラーの受賞理由は、シカゴ学派流の産業組織論の仕事ではなかったでしょうか。

　ちょっと専門的になりますが、スティグラーのノーベル賞が八二年です。正統派の産業組織論は七〇年代まではベイン＝ケイヴズ流と言われて、日本では東大の植草益さん（一九三七―）に代表されていました。最初は市場構造というのを問題にして競争的か独占的かを見る。市場構造があって市場行動があり、その市場行動が市場成果を決める、というパラダイムがあり、市場構造が独占的だったら反トラスト法などで規制すべきだというのが、かなり長い間、正統的な産業組織論でした。シカゴ学派の産業組織論はそれに反対する考え方ですね。その産業に潜在的に参入できるかどうかということが競争的かどうかの判断になるので、市場構造が独占的か競争的かは本質的な問題ではない。つまり、独占だから悪いのではなくて、もともと効率的だったから独占的な構造になってしまったという面があるので、一概に反トラスト法を厳しくすることが良いとは限らない、という立場でした。

アメリカでいうと、ちょうどレーガン政権の頃と重なります。レーガンが規制緩和を打ち出していたので、こういう説が出てきたことによって規制緩和路線はかなり弾みがついたと思います。受賞の時期を見ると、微妙に政治とも結びついています。

橘木　しかし最近の受賞者を見ると、シカゴ学派的なことをガチガチに言っている人というのは少し減ってきたような……。でも二〇一一年のトーマス・サージェント（一九四三―）などはシカゴ学派的ですね。

根井　二〇一三年のユージン・ファーマ（一九三九―）の「効率的市場仮説」などはこれ

に近いですね。同時に受賞したロバート・シラー（一九四六―）は、この立場とは違いますが。ただ学問が細分化してきたので、今後はシカゴ学派がこれまでほどは多く出ないかもしれません。

橘木　最近の経済学は非常にテクニカルになっています。数式で解いてこうだ、というようなのがかなり多くて、計量経済学で経済学賞を受賞している人を見ると、ヘックマンやラース・ハンセン（一九五二―）のようにシカゴスクールのようなテクニカルでいい仕事をした人が多い。だから、思想的にどうだこうだと論じる人は、目立たなくなった。

根井　これも不満を述べるときりがないのですが、コースのような人に授与する見識があるのなら、もう少しそういう人が増えてもいいのではないかと思います。例えば、制度学派にもいろいろあるので、違う制度学派、つまりウェブレン、コモンズ、ガルブレイスという流れを持つアメリカの制度学派は駄目なのかと。「ノーベル経済学賞」という名称で世間に通ってしまったので、ウィリアムソンらの新制度学派と言われている人たちに与えられると、問題関心が少し違うほかの制度学派は駄目だという印象を与えてしまいます。そういったマイナス面は若干あると思います。

英語で書かないとノーベル賞はない

――日本人の受賞の可能性というのはあるのでしょうか。

橘木　私はそれについては、一つにはやっぱり語学の問題があると思うんですよ。最近の経済学は完全にアメリカ中心で、みんな英語での仕事です。だから英語以外の言語で論文を書いても、ほとんど無視されるのではないかという気がします。日本はそのよい例で、日本語でいくら画期的な仕事をしても、ノーベル賞選考委員会まで届かない。これは日本語のみならず、中国語、トルコ語、アラビア語、いろいろな言葉について言えます。英語で仕事をしないとノーベル経済学賞はまずもらえない、ということになっているのが気になりますね。

根井　一九八八年受賞のモーリス・アレなどはもらうのが遅れましたが、この方は、もちろん英語でも書いているものの、初期の論文はフランス語が多いんです。それで受賞が遅れた可能性はあります。日本でアレの仕事を高く評価されていたのは根岸隆さんです。根岸さんは非常にアレが好きで、ノーベル賞をもらうに値すると前から言っておられた。

橘木　ノーベル経済学賞の受賞者リストを見ると、アメリカ、イギリス以外の国の学者もいますが、基本的には英語で書かないとノーベル賞選考委員会には届かないというのは、ほぼ言えることなんじゃないでしょうか。日本人学者で英語で書いているのは少数派です。私は京大と同志社の両方を知っていますが、英語で論文を書いているのは少数です。

根井 日本経済学会は論文を英語にしてしまいましたね。

橘木 機関誌だけですが。

根井 でもそれは大きいのではないですか？ 経済学史学会とは違います。

橘木 だから、経済学史でいい仕事をしてもノーベル賞に届かないわけです。

根井 経済学史自体が対象にはなりませんけれども（笑）。英語で書くという流れは、アングロサクソンが長い間、経済学を支配しているので、仕方がない面もあります。日本人でも、英米で主流となる考え方を使って論文を書いた人のほうが出世してきている。これは、そういう学界の構造になっているので仕方がないと思います。

ただ、青木昌彦さんは、アメリカで活躍されても、やはり日本人としてのナショナリティは失っていないような気がします。戦後の日本ではワルラス的均衡というアメリカで発展したものを普遍モデルとして教育したわけですが、アングロサクソンで普遍的と言っているのとは別の均衡が成立しうるということを、共通言語つまり数学（ゲーム理論）を使って論証したという意味で、私は、あの方はやはり日本人の経済学者だというふうに思っているんですが、違いますか？

橘木　うーん、半分当たっていて、半分当たってないというか（笑）。彼も教育を受けたのはアメリカのミネソタ大学ですからね。しかもレオニード・ハーヴィッツ（一九一七―二〇〇八）の弟子です。ハーヴィッツは二〇〇七年、メカニズムデザイン理論の基礎構築と発展で、九〇歳でノーベル賞をもらっている。青木さんから聞いたんですが、青木さんはハーヴィッツが受賞できるように推薦状を書いていたと言っていました。青木さんも基本的にアメリカで教育を受けた人だから、アングロサクソン流の手法を用いて論文を書いたと言っていいんじゃないですか。

根井　しかし、分析手法としてゲーム理論は使ったけど、日本的な企業であろうと経済合理性があるということを言ったわけで、それはアメリカ人ならやろうとしないことだと思うんですね。比較制度分析にしても、日本の制度はアメリカと違う、日本は特殊だと言っているだけの人たちに与せず、ゲーム理論を使って経済的な合理性があることを厳密に論証した。その仕事は、ご本人の意図は分かりませんが、やはりアメリカ人ならやらなかっただろうなと私は思うんです。

同志社大の室田武さん（一九四三―）が、なにかの対談で言っておられたんですが、ハーヴィッツはナチズムを逃れてアメリカに渡ってきた人で、ナチズムの統制経済は大嫌いだった。そこで、統制経済を離れて自由経済にしても一般均衡というのは自然と成立するのだということを証明したいという動機があったというのですね。書かれたものには、そういうことは現れないけれども、何かその研究者を突き動かしているものがあるわけです。だから、青木さんにも日本人としてのナショナリティというのは、どこかにあるような気がしてなりません。安保闘争の時の活動も、アメリカ覇権主義に対する反発だったのではないかと。

橘木　青木さんは、いまだにアメリカではブラックリストに入っているんです。東大で学生運動を激しくやっていたということでリストに入っていて、かなりの時期までアメリカに行くときは、パスポートをきちんと検査されたそうです。本人が言うんだから確かです。

根井　安保闘争を含めて学生運動は左翼と言われていますけど、当時彼らが「アメリカ帝国主義」と言っていたものに対する反発と、日本人としてのナショナリティは矛盾しない。アメリカに支配されるのはいやだという意味の意志表示ですから。

――アメリカ以外の学者が賞を取れないのは、言葉の問題とともに、アングロサクソンの思考様式を内面化しきれないところがあるからでしょうか？

根井　いや、青木さん自身、書かれたものからはそういう印象は出てこないし、比較制度分析の仕事はイデオロギーフリーなので、ノーベル賞をもらってもおかしくないと思います。私は理論家ではなく思想史家なので、何がその人を突き動かしているのかを考えるわけです。だから、青木さんは日本での経験がなければ、こういった研究をやらなかったのではないかと推論しているだけなんです。

青木さんほどの才能をもってすれば、ほかに何だってやれたと思うんですが、一九八〇年代以降は企業理論や制度分析のほうに傾いていかれました。アメリカだけが普遍的という空気には反発されたんじゃないかと思うんです。これは推測ですが。

橘木　青木さんは、日本の企業の特色というものを彼流に理解して、例えば「制度補完性」という考えを出して、脚光を浴びたわけです。ちょうど日本企業が非常に強い時期だったから、向こうの経済学者にも青木はいい仕事をしていると言われてスターになった。しかし日本経済が弱くなってしまったいま、日本経済についていくらいい分析をしても、誰も注目してくれないという弱みがある。だから、日本経済が沈滞したことによって、青木さんはノーベル賞の可能性が減ったという説もあるんです。

根井　それは十分あり得ますね。日本の論壇では、私がちょうど学生だった八〇年代の中頃から後半にかけて、青木さんの企業理論がよく話題に出ていました。当時は、日本の論壇は今よりももっと左派がいた時代で、日本的な企業にも経済合理性があるというようなことを言うと、ナショナリスティックな「やまとイズム」だとか、右派の思想のように批判されたものです。

しかしそれは間違いだと思います。その人の理論を根底から突き動かしている価値観やイデオロギーは誰にもありますが、比較制度分析はアメリカの経済学者が使う分析手法を用いて、例えば日本とアメリカの制度比較をしているわけで、文化的特殊性などを強調する比較論とは峻別すべきです。橘木さんがいうように、理論的には世界的な評価が高まってきていたのに、日本経済が沈滞してしまったがためにノーベル賞が遠のいたというような事情があるとしたら、残念なことですね。

橘木　今、経済が好調なのは、BRICSと言われるブラジル、ロシア、インド、中国、南アフリカ、そういうところじゃないですか。そういうところの経済をうまく理論化した人が、ノーベル賞を取る可能性はありますね。私は、これからは日本人の経済学者よりも中国の経済学者のほうがノーベル賞をもらう可能性が高いかもしれないと、あるところで書いたことがあります。まあしかし、アングロサクソン流の市場メカニズムに基づいて経済学は動くんだという考えは、まだまだ世界の経済学界で根強くありますが。

根井　これは当分、変わらないと思いますね。

橘木　それもやはり英語の影響力が大きいですよ。

経済学者のマスコミ活動

――これからのノーベル賞に期待することはなんでしょう。

根井　「エコノミック・ジャーナル」というイギリスの伝統ある経済学専門誌が一〇〇周年を迎えた一九九〇年だったと思いますが、世界の一流経済学者たちに、二一世紀の経済学はどうなっていくかをテーマに論文を書いてもらったことがあります。森嶋さんやフランク・ハーン（一九二五―）という一般均衡理論で貢献した人などは、ほとんど口を揃えて、二一世紀の経済学は、心理学や歴史学、社会学を取り入れたものになっていくだろうと述べていました。最近はそのとおりになっているので、この傾向は、私は良い傾向ではないかと思います。今のところ行動経済学だけが抜きん出ていますけど。

それと、今までのノーベル経済学賞の歴史を見ると、イデオロギーも政治的な立場も全く異なる人たちが、同じ問題について正反対のことを言っているのにどちらも受賞しているので、自然科学の賞とは性格が違うことを頭に入れておくべきだと思います。ふつう、科学の世界でノーベル賞をもらったとなれば、少なくともその分野に関しては定説になっていることだと考えますが、経済学の場合は、例えばフリードマンがこう言ったから、サムエルソンがこう言ったからといっても、それとは違う考え方がたくさんあるので完全な権威づけにはならない。経済学のノーベル賞は、数学や統計学を使った理論分野での業績でもらう場合が圧倒的に多いわけですが、受賞者には時事的な文章も書く人もいて、そういうものには、わりとイデオロギーや思想が出やすい。

橘木　少し脱線しますが、ジャーナリストということで言えば、ケインズの頃にはノーベル賞はありませんでしたが、ケインズという天才的な経済学者はジャーナリストとしても一流だったわけでしょう。彼が生きていたらもらえたでしょうか？

根井　ルーカスは、社交辞令かもしれませんが、ケインズはもらっただろうと言っています。現代的なマクロ経済学を創ったという意味ではたぶんもらえたでしょう。

橘木　先ほどの「エコノミック・ジャーナル」のエディターもやっていましたよね。

根井　ええ。「エコノミック・ジャーナル」の一九二〇年代、三〇年代の論文がどれだけ引用されているかという調査では、三〇年代あたりではケインズが断トツで首位です。順位の下のほうにノーベル賞をもらった人がたくさんいます（笑）。だから、ケインズはもらえただろうと思いますが、ケインズの偉さは単なる経済学者ではないところにあるわけですね。それを考えると、ケインズの生前にノーベル賞があったら本当に面白かっただろうと思います。

橘木　サムエルソンやフリードマンなど初期にもらった人も、学問だけではなくて、実際のアメリカ経済の運営などに関してケインジアンとマネタリストで対立していたし、自分たちの考えをメディアでしゃべったり、議会でも証言して、経済政策に関与していた。やっぱり彼らはすごいですよ。

根井　啓蒙家としては、二人とも貢献は大きいと思います。若い頃、英語の勉強のために「ニューズウィーク」を読んでいましたけど、サムエルソンとフリードマンが交互に登場して、現実の問題に関して対照的なことを言うわけです。これを比較して読むのが楽しみでした。

橘木　根井さんはクルーグマンはあまり評価してないんでしたっけ？

根井　べつに業績や活動を批判するつもりはないんですが、彼はまだ若いのにブログではニュー・ケイジアンではなく、サムエルソン的な古いケインジアン（新古典派総合）の立場で書いているのがちょっと不思議です。自分の専門分野での研究とジャーナリスティックな発言とがどうつながっているのか、ややわかりにくいように思います。

橘木　クルーグマンやスティグリッツはノーベル賞をもらったという事実でもってマスコミで書くから影響力があるんですよね。もしノーベル賞をもらってなかったら、彼がいくら書こうが、今ほどの注目は浴びないはずです。

根井　ブログで有名な経済学者にはマンキューもいますが、クルーグマン、スティグリッツほどの影響力はないでしょう。彼ら自身もマスコミや政治家も、賞の権威を利用しているわけです。でもそういうことは昔からあります。レオンチェフは投入産出分析でノーベル賞をもらいましたが、アメリカではそれまでああいった研究にはなかなか予算が付かなかった。でもノーベル賞をもらったら、ものすごく予算が付くようになった。だから、クルーグマンたちはメディアにも受賞者であるということを強調して出てくるし、それによって社会的影響力を高めようと、自ら、あるいは周囲も利用しているという面はありますね。アメリカの大統領選挙などで、民主党、共和党がそれぞれの政策の正当化にノーベル賞受賞者の名前を借りるのを見てもわかります。

ただ、ちょっと不満を言うと、私はイギリスの経済学史上の大物の文章をたくさん読んできたからそう思うのかもしれませんが、クルーグマンはもう少し上品な英語を使ってほしい（笑）。人のことを批判するのはいいけど、すぐfollyとかsillyとか言う。そういう言い方はしないほうがいいと思います。

橘木　これは素晴らしいコメントだ（笑）。そこがアメリカとイギリスの経済学者の違いだと思います。イギリス人の経済学者の英語は、私みたいな英語にそんなに強くない者でも、ああいい文章を書いているなと思います。アメリカ人の英語は、サムエルソンだって、うまいと思わなかったなあ。

これからのノーベル賞

橘木　話を戻して、これからのノーベル賞ですが、繰り返しになるけど、選考委員には、英語で書かれていない業績や論文を発掘する気があるのかを聞きたいですね。すべての経済学者は全部英語で発表していると思っているのかもしれない。

根井　またノーベル賞は、異端派、例えばフランスのレギュラシオン関係などには全然授与していません。それがやはりアングロサクソン的な理論ではないから駄目だということであれば、残念な気がします。異端派に対しても、もう少し寛容であってもいいと思います。

橘木　ピケティの『二一世紀における資本』をクルーグマンが絶賛したので、次はピケティがノーベル賞をもらえるのではないかという期待の声が、フランスで上がっているそうです。

根井　ピケティはＬＳＥでPh.D.を取っているので、分析手法はアメリカ流の経済学とあまり変わらないんですね。だから、クルーグマンのように富や所得の不平等を問題にする人には絶賛されます。しかし、レギュラシオンになると分析手法自体が違いますから、正統派からの評価は低くなりやすい。それでも特徴のある経済学であることは間違いないので、もう少し評価すべきだと私は思いますね。

橘木　私は「脱成長論」というのを展開しているんです。アングロサクソンのように成長バンザイではなくて脱成長がいいじゃないかと。これは、イタリアやフランスなどラテン系、そして南米系の経済学者が盛んに言っている議論で、日本で翻訳が出て知られている人物にセルジュ・ラトゥーシュ（一九四〇―）がいます。脱成長はフランス語で「デクロワサンス（decroisance）」と言いますが、こういう考え方は、イタリアやフランスからは出てきても、アングロサクソンはナンセンスだと捨て去る可能性がある。根井さんが言ったように、ピケティはアングロサクソン流の経済学の手法を用いているからアメリカ人も評価してくれた。ところが「デクロワサンス」のほうは、ラテンの論理で来ているから無視です。

根井　それはアメリカでは経済学だと思われないのではないでしょうか。社会学のように聞こえるのかもしれない。

橘木　そうかもしれませんね。アングロサクソンは、まず経済のモデルがあってそれを解いてどうだというのに慣れきっているから、モデル自体を疑うという姿勢は経済学ではないと思うのかもしれません。

根井　ミュルダールが制度学派に転向してからの話ですが、彼がアメリカの経済学会に招かれて講演したことがあります。そこで、自分は時に社会学者と言われることもあるが、ふつう経済学者が誰かを社会学者と言う時は褒めているのではない。また、この国には非常に美しい文章を書くガルブレイスという制度学派の人がいるが、あまり正当な評価を受けていないと不満を述べています。

橘木　ガルブレイスはノーベル賞の候補になったことはあるんですか?

根井　それはわかりませんが、結果的な受賞者から推測すると、候補にはならなかったのではないでしょうか。授与するとしたら、それこそミュルダールにハイエクをくっつけないで、ガルブレイスと一緒にあげるべきだったと思います。ハイエクはフリードマンと一緒でよかった。ガルブレイスは、若い理論家たちが思うほど馬鹿にはできないと思います。

橘木 彼は、一九七二年にアメリカ経済学会の会長になっていますね。だから、アメリカの経済学者も一応の評価はしている。でもノーベル賞までは行かなかったということなのでしょうね。

根井 サムエルソンが、遠い将来自分たちの本は誰も読まなくなるだろうが、ガルブレイスの『ゆたかな社会』は読まれるかもしれないと言っていました。ノーベル賞受賞者ですら、すでに忘れられている人は結構いるわけです。そうすると、一〇〇年前の経済学者で誰を知っているかというと、アメリカ人でもイギリス人でも、そう多くの人が記憶されるわけではない。それでも特徴ある業績をもつ人が記憶されるのだとすると、センなどは記憶に残るかもしれません。しかし、ケインジアンやシカゴ学派で特定のテーマでもらった人たちが、五〇年後、一〇〇年後に覚えられているかと考えてみると、そう多くはないかもしれない。サムエルソンはそういうことを言いたかったのではないでしょうか。

マッティオーリ賞

――経済学でノーベル賞以外に重要な賞というのはあるのでしょうか？

根井 アメリカ経済学会のジョン・ベイツ・クラーク賞が有名ですが、これは四〇歳以下が対象で、基本的には主流派の研究に出ます。後にノーベル賞をもらうような学者の多くが受賞しています。

非主流派も対象になっているというものでは、有名ではありませんが、イタリアのマッティオーリ財団というところが主催しているものがあります。イタリア商業銀行の会長を務めたラファエレ・マッティオーリ（一八九五―一九七三）という人物が創設したもので、ミラノのボッコーニ大学も参加し、受賞者に講義をさせて、その講義録をケンブリッジ大学出版局から出版するということを続けています。正確には賞というよりは、その講義を行なう名誉を与えられたというべきでしょうか。ノーベル賞の選考が偏っているという不満があるようですね。

橘木 そういう賞があるんですか。日本では全然報道されませんね。日本人でもらった人はいるんですか？

根井 都留重人が選ばれています。それから、ケンブリッジ学派でリベラルよりもやや左寄りのカルドアや、リチャード・カーン（一九〇五―一九八九）など。ジョーン・ロビンソンは入っていません。ほかにアメリカのチャールズ・キンドルバーガー（一九一〇―二〇〇三）などです。この人たちはノーベル賞はもらっていません。一方で、ローマ出身のモディリアーニのように、ノーベル賞と両方に選ばれている人もいます。

橘木　ジョーン・ロビンソンは、ある時期から過激になりましたね。毛沢東のような人民服を着て中国へ行ったんだから、賞を与えるのは難しくなりますよ（笑）。しかし、キンドルバーガーがノーベル賞をもらっていないのは不思議です。

根井　ええ。私たちの学生の頃は、国際経済・貿易論ではロバート・マンデル（一九三二―。一九九九年受賞）なんかよりずっと大物だったんですが、途中から歴史そのものに関心が移ったために賞から遠ざかったのではないかと思います。だから、そういう人に対する寛容度が選考委員会には足りないのではないかと思うわけです。国際貿易論への貢献プラス経済史の業績に対して栄誉を与えてもいいはずですが。まあ、そのあたりをマッティオーリ財団が拾っている面もありますが。

橘木　ありますね。繰り返しになるけど、アングロサクソン流の思想と数学モデルを使ったものに多く与えられているというのが、ノーベル賞の特徴です。リベラルのアマルティア・センだって、最初の業績は「社会的選択理論」といって、かなりテクニカルなものなんですよ。そういうことをやらないと、どうも評価されない。

それをスウェーデンで選んでいるということは、スウェーデンの学者たちも、そういう経済学が一番いいと思っているんでしょうね。私がスウェーデン人の経済学者から聞いた限りでは、スウェーデン人だけで選考しているということでした。選考委員は五人ぐらいいるらしいです。世界各国の経済学者からの推薦をもらって、リストに挙げて、最後はその五人で選んでいるんじゃないですか。実を言えば、私も五〜六年は推薦をしていたんですよ。誰を推したかというのは言えませんが、私にまで尋ねてくるということは、かなり多くの学者に聞いていると思いますよ。

ノーベル経済学賞の価値

根井　逆に言えば、もらえる人ともらえない人との区別がわりとはっきりしていますから、主流派の立場で優秀な人がもらう賞であるということが周知されればいいのではないかと思います。ノーベル賞をもらったからといって、その人の言うことが全部正しいということにはなりません。

橘木　日本は、ノーベル賞が異様に高く評価されている国ですからね。

根井　それは経済学以外の学問のおかげだと思います。しかし経済学賞はほかとは性格が違うんだということをわかっておけば、そんなに重く考える必要はないのではないかと。

橘木　ノーベル賞を取れなくても全然問題にしなくていいというのが、根井さんの意見ですね（笑）。

根井　全然とまでは言えませんが、受賞者のほかにも、もらってしかるべき人はいるし、多様な考え方があるということがわかればいいということです。

橘木　同感です。そもそも平和賞もいろいろ問題があるし、文学賞だって問題があるわけです。文学賞なんて、夏目漱石と森鷗外はどちらが好きかというようなものですからね。経済学も、どの思想が好きかというように、それに近い面があるわけですよ。化学や物理は客観的に評価できるから、そういうところが少ないけれども。だから、たとえ日本人が経済学賞をもらえなくても全然心配は要らない。まあ、もらえるものならもらってほしいですが（笑）。

もしいま、安倍政権のブレーンとなっている浜田宏一さん（一九三六―）がノーベル賞をもらうと安倍さんが大喜びで、だからアベノミクスは一〇〇パーセント正しいと言い出す可能性がありますね。

根井　学会では、ああいった立場は主流ではないと思いますが。ともかく、ノーベル賞はもう少し主流でない立場にも寛容であってほしいと思っています。

第四章　来るべき経済学のために

京大経済学部の教育

――これまで主に経済学とその歴史をテーマにしてきましたが、ここでは、ではこれからの経済学はどうあるべきか、経済学をどう教えていくべきについて議論していきたいと思います。第一章で学術会議による経済学教育の「参照基準」の話題が出ましたが、これには反対ではないということでしたが……。

根井　私が必ずしも反対ではないと言ったのは、むしろ標準的な経済学がちゃんと身についていないような状態が長く続いているからこそ、かえって異端、非正統派の人たちがあまり伸びないのではないかと思うからです。

橘木　そのとおりです。

根井　アメリカで異端派と言われたガルブレイスがあれほど活躍できたのは、正統派というのがしっかり確立していたからです。日本は中途半端にしか正統派を学んでないから、逆に非正統派のほうにも悪い影響を与えている。「参照基準」に反対する理由がわからないというのは、そういうこともあります。

今回出された「参照基準」は学部についてだと思いますが、大学院の教育もこの方向に進んでいますし、大学院のほうから先にそうなっていくと思います。私のいる京大は、いろんな人たちがいるので、アメリカ的な教育ではない科目もまだたくさんありますが。

橘木　ひとむかし前は、京大の経済学部の優秀な学生は全部、阪大の大学院に行ったんです。大学入試では、偏差値が高いから京大の経済学部に入学したけど、来てみたらマルクス経済学ばかりやっているし、授業もむちゃくちゃな先生ばかりだというのに気づいて（笑）、優秀な学生がほとんど阪大に行った。今は、京大もカリキュラムをしっかり組んで真面目にはなりましたが。京大がいいかげんだった具体例を一つ挙げましょう。例えば、月曜日の一講目に国際貿易論と金融論の二つの講義が並行して行われているとすると、学生は、この二つの講義の両方を取ることができたんです。

根井　二重登録と言われたものですね。

橘木　そう、二重に登録ができた。試験の日だけは違うから、両方登録しておいて、試験にさえ通ればいいわけです。ひとむかし前の京大経済学部は、授業に出るなと言っているに等しかったわけです。すごい大学だったんですよ。

根井　それでも試験はわりと厳しかったので、留年者はかなり多かった。

橘木　二重登録はいつからできなくなったんですか？

根井　もう一〇年以上前に、やめています。

橘木　それまでは、そんなことがまかり通っていたんです。そういうのにガッカリした優秀な学生は、こんなひどい大学はダメだというので、みんな阪大に行ってしまった。

根井　昔の京大は、一割優秀な学生を養成すれば、あとはあまり気にしないという雰囲気がかなり長く続いていて、私の大学院時代もそういう感じでした。一割どころか一パーセントかもしれませんけれども（笑）。京大はそういう大学でした。それではいけないというので教育熱心になってきたのが、最近一〇年ぐらいの試みなんですが、それが良かったかどうかは、ちょっとよくわからないですね。

ただ、カリキュラムがよく出来ていないと、与えられないと勉強できない人は困りますが、他方で自由な雰囲気が合う人もいるわけです。経済学部には私の少し上に浅田彰さん（一九五七―）がいて、思想・哲学に興味がある若者たちが彼を慕って経済学部に進学したものでした。彼らは明確な問題意識を持った優秀な学生だったと思います。学生の身で時間があるから自主ゼミなどを開いてよく勉強し、大学院に行く人も多かった。

橘木　京大の数学科の先生と話をすると、数学科には学生が何十人もいるけど、一人だけとんでもなくできるのがいたらそれでいい、あとはもう試験さえ通って卒業してくれたらいいと言っていました。すごい数学者を一人出せば、それでもう京大の数学科は存在意義があると、数学科の先生が言ったぐらいだから、それが全体に流れる雰囲気だったんです。

根井　ええ、私たちもそういう雰囲気の中にいました。ところが一〇歳ぐらい下の世代と話をしていると、全くそれには賛成しません。とくにアメリカ帰りの人たちなどは、非常に教育熱心です。そもそも京大の出身ではないからということもあるかもしれませんけど。

橘木　それはあるかもしれない（笑）。

根井　京大は、一人の天才を作れたら、二、三〇〇人犠牲にしてもいい大学だったんだけどと冗談風に言ったら、そんなのはとんでもないというので、私が孤立してしまいました（笑）。私が、今はこの「参照基準」のようなものがある程度は必要だろうというのは、そういう極端な環境を知っているからかもしれません。京大のような各自ご勝手にどうぞというやり方は、もはや続けられないでしょう。最近の京大経済学部では、私の後輩でもある依田高典さんがアメリカ的な教育法を導入するのに一役買っています。彼も、京大での学生時代はほとんど授業に出ずに単位を取ったにもかかわらずです（笑）。

橘木　なぜ、ちゃんとカリキュラムを作ってガチッとした教育をする方針になったんでしょう。

根井　やはりアメリカ的な業績評価を重視したということではないでしょうか。もはや経済学はアメリカ流の教育をしなければ、査読のついた英文雑誌に書けるようにならないということです。もちろんカリキュラムを良くすれば、将来いい学者が出てくるのかというと、それはやってみないとわからないことではありますが。依田さんが誤解されないようにフォローしておけば、彼は、今はそんなふうにやっていますが、経済学以外のこともよく知っているんですよ。立場上そういうことはあまり言わないだけです。

橘木　大学院はそれでいいけど、学部の学生の大半は大学院に行かないで社会に出ますよね。経済学部の場合は、サラリーマンになる人が九割五分です。私は、サラリーマンになる人に、難しい理論を教えるよりも、企業でどういう経営をやればいいかとか、会計やマーケティング、人事政策など、そういう具体的で実践に役立つものを教えるほうがいいと思います。

医学部を見てください。医学部は医者の養成を目的にして実学一〇〇パーセントに近いのです。経済学部だけ実学を排しているというのが、よくわからない。医学部は、どういうふうにしていい医者になるかということを必死に教えている。経済学部もそうならないといけないと、私は思っているんです。

根井　京大にもビジネススクールができました。全体としてはその方向にあると思いますが。

橘木　そもそも、経済学を学ぶ学生が多すぎると思います。経済学部ってどこの大学にもありますよね。理由は簡単で、安く教育できるからです。マンモス教室で一人の先生が何百人もの学生を教えても成立する学部だから、とくに私立大学を中心にして経済学部の学生がたくさんつくられた。しかし、そんなに多くの学生が経済学を学ぶ必要はありません。これは、自分が失職してもいい覚悟で言っています。経済学の授業なんて、会社勤めにはほとんど役に立たないじゃないですか。役人になる人には多少は役に立つかもしれませんが。

根井　そこは、私は反対ですね。直接役に立つことだけを教えては駄目です。役に立つか、役に立たないかで勉強していたら、のちにつまらない学生時代を過ごしたと後悔する可能性が高いと思います。

橘木　これは重要な反論ですね。

役に立たない授業

根井　経済思想というのも役に立たないと言われます。確かに、アダム・スミスを読んでもすぐには何の役にも立ちません。しかし、スミスを読んでいる人と読んでいない人では明らかに何か違いがあるはずです。まず、世の中でスミスについて語られていることの多くは間違いだということがわかる。しかもスミスは道徳哲学者でもあり、『道徳感情論』を読んでいれば、世の中の経済議論のレベルの低さがわかるのではないでしょうか。

橘木　あえて皮肉な質問をしますが、経済学者がスミスを語ったりする時には根井さんの言うことは正しいと思いますが、サラリーマンになる人にとって、『道徳感情論』を知っていることが役に立ちますか？

根井　役に立つとは限りません。しかし、私は以前に大阪の朝日カルチャーセンターで教えたことがあるんですが、受講するのはほとんど中年以上のビジネスマンです。私の授業ですから、内容的には実際に役に立つかどうかわからないものです。でも、やっぱりそういう勉強がしたいと言って出てくる人たちがけっこういるんです。

橘木　会社で実務的なことをやっている人が、物足りなさを感じるということがあるのでしょう。仕事で利益を出せば重役になれるかもしれないけど、自分の人生は何だったんだろうと振り返った時、もう少し学問的なことをやっておけばよかったと反省して、講義を聴きに来るんじゃないですか。

根井　それと、アカデミックなものへの郷愁もありますね。私が教える内容だから、ある程度は難しい。難しいけれども、アカデミックな講義というのを何十年ぶりかで受けて楽しかったという感想を述べている人たちがいました。しかも、戦前の京大経済学部を出たという高齢な方が、高田保馬（一八八三―一九七二）の講義ノートを見せに来てくれました。潜在的にはそういう人がたくさんいるのだと思います。

橘木　また皮肉なことを言うけど、戦前に京大経済学部を出た人は、相当なインテリです。その頃に大学へ行ったのは同年代の一〇パーセントもいない。今のように高校を出て、五〇パーセント以上が大学に行く時代に、むかしと同じようなことを期待するのは無理です。

根井　確かにそうかもしれません。ただ、東大や京大が、それを放棄してはいけないと思うんです。

橘木　それは賛成です。だから、非常に酷なことを言うようだけど、学生の持っているレベルに合わせて教育のあり方を変えた方がいい。私は実務偏差値という言葉を使っていますが、レベルの高くない大学は、実務に長けた人を育てるような教育をすれば、学生にとってもよいことではないかと思います。

根井　「参照基準」に再び触れれば、必ずしも、それに従わなければならないということではない。でもミクロ・マクロというのは経済学の基本だから、私は、これは外せないと思います。しかし計量経済学になると少しハードルが高くなるので、代わりに歴史をやらせるなど、各大学のカリキュラムで柔軟にバランスを取ればいい。この「参照基準」は、全員にミクロ・マクロ・計量を勉強させろと強制しているように受け取られたんじゃないですか。そんなことはできないと思います。

橘木　私もそう思いますね。学術会議のようなところに出て発言するのは、トップの大学の人が多い。彼らはレベルの高くない大学に来ている学生のことを知っているのかと言いたいですね。私は幸か不幸か、そういう大学をたくさん知っているから、理論ばかりじゃなくて実務を教えろと言っているわけです。

一般教養としての経済学

――そうは言っても、経済学というのは一般的な知識として、ある程度みんなが知っておいた方がいいわけですよね？

橘木 人間は働いて稼いで、消費して、貯蓄するのだから、そのメカニズムというのは、市民として知っているほうがいいと思います。みんな何を根拠にそういう経済生活をやっているのかを知っているほうがいいから、一般教養としての経済学はあってもいいと思います。アメリカの大学では、経済学は専門科目ではない一般教養です。一般教養として経済学を学んで、その後で必要に応じて、ビジネススクール、メディカルスクール、ロースクールといったプロフェッショナルスクールに行くわけです。ただ、日本の大学では一般教養がだんだん減らされていますから、理学部や工学部、医学部にいる人たちは、大学で経済学を学ぶ機会があまりないということは、あるかもしれないですね。教養部もなくなりましたからね。

根井 余談ですが、一九四〇年代、ＭＩＴ（マサチューセッツ工科大学）に経済学部門がほとんどない状態だった頃は、サムエルソンが初歩的な経済学の教科書を書いて教えたわけですね。今はMITの経済学部門が充実して、ハーバード以上に評価が高くなったようなところがありますが、サムエルソンが就職した頃はそうではなかったので、彼は初めて初歩的なレベルの講義をしたんだと思います。その成果があの経済学の代表的教科書になった。しかもあの本は、日本では経済学部だけではなくほかの学部の人もよく読んでいました。

橘木　「経済学は社会科学の女王」と言われた時期がありましたよね。私は、それは経済学者の奢り以外のなにものでもないと思います。社会科学の中でいちばん重要な科目は経済学であるという自負を経済学者が持っていたのは、非常に傲慢な思想です。

根井　それはシカゴ学派の人たちがよく言っていたことですね。経済学帝国主義という言葉がその一例です。非常に辛辣な言葉で有名だったスティグラーなどは、「ノーベル経済学賞はあるのに、なぜ政治学賞はないだろう」とある政治学者が嘆いたら、「あなたたちには文学賞があるじゃないか」と言い放ったらしい（笑）。それぐらい思い上がっていたということでしょう。

橘木　なぜ経済学の人たちは、経済学は社会科学の女王なんて言い出したんでしょう？

根井　サムエルソンが言い出したのかどうかはわかりませんが、サムエルソンの書いたものの中にも、その言葉は確かにありました。

橘木　私がどうしてそれを傲慢だと思うかというと、そもそも経済学はすべての人が理解しなくてもいい学問ですよ。一般教養的な知識で十分過ごしていける。だから経済学は社会科学の女王なんていう奢りを持つな、我々はそんなにたいしたことはやっていませんという自覚を持て、と言いたいんです。

根井　橘木さんのような立場を取るかたは、アメリカでPh.D.を取った人の中では非常に例外だと思います。今おっしゃったことで、ジョン・スチュアート・ミルの言葉を思い出しました。ミルは、経済学だけしか知らないのは経済学をろくに知らないのと同じで、経済学の知識だけで社会に提言を与えようなんてとんでもない、という趣旨のことを言っています。ミルは「定常状態」を積極的に評価するという点では、橘木さんの思想につながると思います。

橘木　ああ、それはいいことを言ってくれました。安定した定常状態でいいのではないか、成長、成長なんていうのはナンセンスだというのがミルの主張で、私もそう主張していますから、共通点はあります。

根井　一つ言っておきたいことに、ジャーナリズムの役割ということがあります。経済学で学ぶのは、どうしてもテクニカルなものになりますが、脱成長論などに関する記事は、新聞にたくさん出るわけです。だから、学生たちはそういうのを読まないといけません。しかし、新聞を読む学生が少ないというのは問題です。

橘木　脱成長論は根井さんは評価してくれますが、日本でも世界でも少数派です。成長戦略という言葉が出てくるように、日本では、経済は強いほうがいい、成長するほうがいいという意見が主流です。

根井　水野和夫さん（一九五三―）などは、資本主義は利潤が出なくなって、もう役割を終えているというようなことを言っておられますね。ケインズの大きな伝記（邦訳は東洋経済新報社、一九八七年）を書いた、ロバート・スキデルスキー（一九三九―）というイギリスの学者は、利潤が出ないような定常状態に近くなれば、むしろ精神的な進歩を考える時代に入ったのであって、あまり悲観する必要はないと、ミルと類似のことを言っています。

そして、経済学はあくまでも手段であって、経済学者は歯科医と同じように技術的なことをやる人になればよく、目的に達するまでは必要かもしれないけれども、それ以後は消えてかまわないという趣旨のことを言ったのは、ほかならぬケインズでした。まだ目的を達成していないから、いろいろな経済学者が活躍しているかもしれませんが。

経済学者が現実を知らない

橘木　経済学はみんなが理解する必要はないということでは、経済政策は私欲にとらわれない知的エリートが受け持つべしという、ケインズの「ハーベイロードの前提」というのがありますよね（ハーベイロードはケインズの生地、エリートの象徴として使われる）。ケインズは、経済学の知識を持っている少数のエリートたちが考えた経済政策を実践すれば、経済はうまくいくと信じていたんですかね。

根井　一つはイギリスが階級社会だったということがありますが、ケインズのハーベイロードの前提はちょっと誤解されているような感じがします。エリートが経済運営すればそれで済むと解釈されていて、確かにそういう面は一部ありますが、ケインズはさすがに二〇世紀に生きていますから、上から政策を押しつけるだけでは駄目だとわかっています。民衆に任せるべきとは決して言っていませんが、民衆を説得することが必要だと考えていました。

彼のジャーナリズム活動の記録に『説得論集』（邦訳は日本経済新聞出版社、二〇一〇年）というのがありますね。それはつまり、究極的にはエリートが立案や企画するけれども、その正しさを民衆に納得してもらわないといけないというのが、ジャーナリストとしてのケインズの立場です。だから一所懸命、彼は啓蒙活動をしたわけです。

橘木　でもね、経済学は少数の人が専門的にする学問で十分なんです。エリートという言葉がいやであれば使わなくていい。少数の人が勉強して、最先端の経済政策はどうすればいいかを考える学問で充分。ケインズが『説得論集』を書いたのは、一般の人も専門家の言ったことを、ある程度わかるぐらいの知識は持っていてほしいということで、一般教養としての経済学を国民にしっかり教えないといけないということだと解釈しました。

だから、今の日本でも、あたかも経済学部で学ぶ学生の全員がエリートであるかのように理論を学んで、エリートがやっているような経済政策の提言まで勉強しなくてもいい。説得を受ける一般の人は、専門家の出した主張を理解できて、どれが自分には相応しいかがわかることで十分だと、私は言いたい。

根井　実際ケインズは、ハロッドがケンブリッジに勉強しにきた時、経済学を学ぶには、まずマーシャルの『経済学原理』を丹念に読むこと、そしてイギリスの新聞である「タイムズ」を丹念に読むこと、この二つをアドバイスしました。ハロッドは、本当はヨーロッパ大陸に留学したかったようですが、ケインズはヨーロッパにはたいした経済学はない、ケンブリッジにいなさいと言った。それでハロッドはケンブリッジに残り、ケインズの弟子になったんです。

戦後のハロッドは国際流動性や国際経済の問題に関心を持っていたので、やはり新聞記事などの資料はたくさん読んでいたようです。だからハロッドは現実的な知識はすごく豊富だったと思います。今の経済学者には、理論は知っているけど現実は知らないという逆のケースが時々ありますが。

橘木　それはやはり、経済学に数学がたくさん使われるようになったことの副産物ではないでしょうか。最近の経済学の学術論文は、高級な数学を使わなければなかなか学会誌に出してもらえないという事情があります。しかしそうなると、ごく一部の専門家しか読みきれない。数学のできない経済学者は二流だという説まで出ていますからね。いい論文を書くために数学を勉強することに必死で、現実のことは我関せずというようなことになっている。

森嶋通夫さんは数理経済学で世界的に有名な人でしたが、アメリカへ行った時に講演を依頼されて、今の日本経済のことについて話してくださいと言われた。でも、何をしゃべったらいいのかわからないと言ったそうなんです。彼が直接話してくれたことなので事実です。若い頃の彼にとっては、日本経済なんかどうでもよかった。高級な数学を使って自分の理論で論文を書くことだけに関心があったわけです。

根井　森嶋さんのエピソードなら私にもあります（笑）。森嶋さんが雑誌『論座』（朝日新聞出版）に自伝を連載されて、のちに何冊かの本になるんですが、そのうちの一冊を私が書評をしました。私も森嶋さんは数理経済学者というイメージを持っていたので、数理経済学で出発した森嶋さんがのちに社会学や哲学を総合した経済学が必要だと言い出したのは非常に興味深い、というふうに評した。そうしたら、人を介して、自分は高田保馬の弟子だから若い時から社会学を勉強していて、急にそういう関心を持ったのではないと、お叱りを受けたことがあります。森嶋さんの自伝をみれば、その関連で私の名前が出てくるはずです（笑）。それで、てっきり嫌われていると思っていたら、森嶋さんが『論座』に対して、雑誌を良くするためにいろいろと提言をされたメモがあって、それを見せられたところ「例えば根井氏を起用して経済学界の現状をレポートさせる」というようなことが書いてありました。これには驚きました。

森嶋さんは、文化勲章をもらってから、やはり人文学や歴史に関係した仕事をしないといけないということで、晩年は多様な活動をなさいましたが、やはり世間的な評価は数理経済学のほうにあったと思いますね。

橘木　宇沢さんにもそれは言えます。宇沢弘文という人も、若い時は、いわゆる新古典派の数理経済学で世界的に有名な学者になった。ところが日本に帰ってきたら、成田空港の問題や、水俣病など、そういうところで社会的な発言をし始めたわけです。だから、森嶋、宇沢という一流の学者を見ると、若い時と中高年になってからでは人は変わるのだということが、よくわかります。

でも、彼らの若い時の業績がなかったら、日本の社会は、彼らの言うことを取り上げなかったはずです。若い時に数理経済学で世界的な学者になったから、マスコミも彼らの社会や経済に関する発言を取り上げたんだと思います。

根井　前回話したノーベル賞受賞者も同じですね。サムエルソンやクルーグマンも時評を書いていますが、それは彼らの最良の仕事ではないわけです。だからもし彼らの理論家としての業績がなければ、読む人は少ないでしょうね。

入試と基礎学力

――第一章でも議論しましたが、最後にあらためて教育についてお話いただけますか。

根井　大学生の学力低下とか言われていますが、同時にリベラルアーツ教育の重要性を言う人たちが比例して増えているような気がします。確かに、基礎的な学力は、昔よりは若干落ちているのかもしれません。でもだからといって、専門知識の教育以上の「教養教育」みたいなものを大学教育の中心にするのは、難しいのではないかと思います。

橘木　京大の入試には、一般入試のほかに、センター試験で最低点を満たせば、あとは小論文でうまく書くと合格できる論文入試というのがありました。私も京大にいたからよく覚えていますが、当然、平均的な学力は一般入試で合格した学生のほうが高い。論文入試の合格者は学力にかなり差がある。できる人もいるけど、これが京大生かと思うぐらいの人もいる。そういうわけで、論文入試には一長一短があって、最近は入学者数を減らしたんですよね。

根井　数を減らして、理系入試というのを導入しました。

橘木　数学が得意な人に向けてのものですね。

根井　ええ。理系入試の枠を作った分、論文入試が減っているということです。

橋木　論文入試に関して一つだけメリットを言えば、論文入試で入った人の中に、後々学者になる人がけっこういるんですよ。問題意識が非常に高いし、未知の世界に対する探究心も強い、一所懸命勉強して学者になろうという人が一部にいるというのが、私は、論文入試のメリットだと思うんです。ところが、一般的な学力から言うと、論文入試のとくに成績下位のほうは、本当にこれが京大生かと疑うぐらい、英語ダメ、数学ダメというのがいました。

根井　大学に入る前は、どこの学部に行くつもりであろうと、いろんな科目についての知識を身につけてほしいと思います。論文入試のプラスとマイナスは、そこに出るのであって、例えば、もし数学的能力が劣っていたら、それは現代経済学をやっていく上で、大変なハンディになると思います。逆に、経済学部に来る人に対して、基礎的な経済理論や経済思想をあらかじめ勉強してくれと要求するのは酷だと思います。むしろ高校生だったら、数学も含めて、語学や歴史をしっかり学んでほしい。そのほうが、のちの可能性としては広がるのではないでしょうか。とくに日本史・世界史両方で、歴史的知識が著しく欠如している学生が増えたような気がします。

橋木　例えば、フランスのリセと呼ばれる高等学校では、哲学が重要なんですね。バカロレアという高校卒業試験の最初の科目は哲学です。リベラルアーツ、人文学教育の中でいちばん大事なものが哲学であるという考えが、フランスの教育界には根付いています。日本では、哲学というと、誰々はいつ生まれてどんなことを書いた人かというようなことしか教えない。リセの哲学では、そんなことよりも、意識とは何か、情熱とは何か、他人とは、時間とは、言葉とは、という、哲学の基本的な〝考え方〟を教えて、批判的な精神を学んでもらうというのが中心になっている。

根井　フランスは、デカルトだろうがサルトルだろうがベルクソンだろうが、フランス語ですからね（笑）。彼らにとっては自分たちの言語で書かれたものであるわけです。

橘木　そうですね。それは大きいな（笑）。

根井　それは決定的に違うところです。ヨーロッパにいる限りは、遡ればギリシャやローマにまで行くわけで、共通の基盤に立っていると言ってもいい。日本とは歴史的条件が全く違うんですね。だから彼らがサルトルやベルクソンに抱くものと、我々が抱くものは全然違うと思います。イギリスでは検定教科書のようなものはないので、歴史や哲学の授業では、それぞれの先生が教材をプリントして持って来るわけです。授業では、特定の時代・思想について徹底的に議論する。そういう教育をするわけです。西洋の歴史・思想について、日本で同じレベルの教育はできません。まず英語が読めないから。フランス語ももちろんそうですが。

だから、そもそもの条件が違うんだと私は言いたい。英語・フランス語・ドイツ語を楽に読める学生がいれば、リセのような、リベラルアーツを言う人が理想とするような教養教育ができるかもしれませんが、日本人は、まずそこにハードルがあるんですね。

学術会議の「参照基準」は、大学に入ってきたごくふつうの学生に対する標準的なアプローチの話をしているので、やむを得ないと私が言っているのは、そういうことも関係しています。教養人というものは、大学で教育して養成できるものではないと思います。加地伸行さん（一九三六―）という『論語』の翻訳で有名な方がおられますね。私は加地さんの『論語』の現代語訳が好きなのですが、この方の面白いところは、「君子」は「教養人」、「小人」は「知識人」と訳していることです。

橘木　教養人は生まれながらの天才にしか資格がないと。

根井　天才と呼ぶのが正しいかどうかはわかりませんが、Ph.D. のような教育では、小人、知識人は養成できるけど、君子はそれだけでは生まれない。その意味で、あの「教養人」という訳は非常にいいと思います。『論語』に、「子曰く、君子は坦《たん》たらんとして蕩蕩《とうとう》。小人は長たらんとして戚戚《せきせき》たり」とあります。加地さんの訳では、「教養人は公平であり、ゆったりしている。知識人は他者よりも長ろうとしてこせこせしている」と（講談社学術文庫、増補版、二〇〇九年）。そういうことを考えると、君子養成を目的にするような教育はできない。だから、ある程度、知識を中心としたものにならざるを得ないと思います。

対談を終えて

根井雅弘さんは、スーツにネクタイという正装で京大に来られる几帳面な人でした。大学の教授は学生に教えるのだから、学生に尊敬心を持ってもらうためにもキチンとした身なりで威厳を保持した方がよい、と思っていたのかもしれない。アメリカの大学に留学したとき、Tシャツと短パンで講義をする教授に接して驚いた記憶があるが、その風習になびいてしまったのか、私は大学にはスーツで行ったことはほとんどなく、軽装での出勤であったし、講義もその姿で行った。

学問への取り組みにおいても根井さんは真摯な性格から、一歩一歩と過去の古典経済学書を読破してから、筋の通った学説史を展開する学問的態度であるのに対して、私はあっちこっちのテーマに飛び込んで、いい加減な仕事しかしない者という差異がある。

この対談本は私から根井さんを誘って成立したものである。いろいろなテーマの研究をしている私は、不遜にも『課題解明の経済学史』(朝日新聞出版、二〇一二年)という専門外の経済学史の本を出版した。多くの経済学者は、いつかは経済学史の本を書いてみたい、と思うものだが、私はその夢を果たせたのである。この本を書くためにいろいろな本を読んだが、主として勉強したのは根井さんの経済学史の本であった。文章のうまい人で教養あふれる人だなという印象に加えて、読者に経済学史のおもしろさをひしひしと伝える気迫あふれる内容であった。特に偉大な経済学者のエピソードが散りばめられており、読むこと自体が楽しかった。

今回の対談でもそれらの特色が全面に出ていて、大変実りの多い、しかも楽しいものであった。経済学史に関するところでは、素人の私が聞き手で、専門の根井さんが答え手というのが本書の基調になっているのは当然のことであった。とはいえ、聞き手と答え手の間のインタヴュー本だけにならないように、私の知っている限りの知識や経済学者のエピソードを披露するように努めた。ところで、読者は二人の対談から、経済学と経済学史のおもしろさ、そして経済学者という人物がどのような特異な人(!?)であるのかがわかってもらえるのではないか、と密かに期待している。

私が経済学を学んだ頃は、日本の経済学界はマルクス経済学が主流であったが、根井さんが学んだ頃はマル経の凋落が始まった頃で、その後は近代経済学（当時はそう呼ばれていた）の絶対的優位の時代になったのである。近経、あるいは現代経済学では新古典派経済学の独壇場となったし、数学が重要な分析ツールになったということも伴った。二人ともこの主流派の中にいないという特色がある。ここで主流派とは、経済は市場の論理で動くという思想を信じる人で、その前提の下で経済学を展開するのである。そういう人からすると、この対談はこれら主流派から離れているので犬の遠吠えと映るかもしれない。

二人の特色をもう一つの側面から評価すれば、二人ともアメリカよりもヨーロッパへの思い入れの強いことにある。根井さんは学問の性格上、フランスやドイツの経済学に強いし、両国語を容易に読める人である。一方の私は、アメリカで学位を取った後、ヨーロッパに合計五〜六年滞在（最大はフランスの四年）したので、ヨーロッパの政治・経済、そして学問には関心が高い。そうするとどうしてもアメリカという国と、アメリカの経済学に対する見方が、ヨーロッパからアメリカを見るという姿に近くなる。本書でアングロサクソンという言葉が頻繁に出てくることは、ヨーロッパ（ここではイギリスを排除）との対比をしたい、という私たちの本心が確認できるかもしれない。

プロ・アメリカンの人の多い日本であれば、本書の内容はややプロ・ヨーロピアンに偏向したものという印象があるかもしれない。しかし、世の中のグローバル・スタンダードはアメリカ化への道と同じなので、本書の主張は少数派のものと解釈できるというのが私の判断である。しかし根井さんは、決して少数派ではなく多数派であるという、半分慰め・半分激励の言葉を投げかけているが、それをどう判断するかは読者に委ねたい。

一つだけ注釈を加えると、日本学術会議が日本の経済学をどう教育すればよいか、ということに関して、主流派の新古典派に立脚してミクロ・マクロ・計量経済学を中心にすればよいと提案した。この案に他の学派から反対の声が上がったが、根井さんは経済学教育がミクロ・マクロ・計量経済学の中心でよい、と述べている。これは経済学におけるアメリカン・スタンダードの支持である。この発言に意外感のあった私であるが、なぜそのような考えを持つようになったのか、対談で明確に述べられているのでそれを読み切ってほしい。

本書を読むことによって、経済学を専攻している人にとっては興味のある話題が多く提供されているな、と認識してもらえればと期待しているし、若い人や一般の読者にとっては経済学、経済学史はおもしろそうだな、とわかってもらえれば幸いである。

橘木 俊詔

＊＊＊

橋木俊詔さんとは長い付き合いで、京大におられたときはよく一緒に昼食に出かけたものだ。雑談の名手であったことは前から知っていたが、今回のように、真面目なテーマで対談し本をつくるような仕事をすることになるとは夢にも思わなかった。

橋木さんはマクロ経済の実証や労働経済学の権威者だったが、フランスでエコノミストとして働いていた経験があるせいか、アングロサクソン圏の経済学（もっというと、アメリカの主流派経済学）以外の経済思想にも寛容だった。そのような方からの提案でなければ、対談は実現しなかったかもしれない。

経済学の制度化といわれて久しいが、わが国ではアメリカよりも制度化が中途半端に終わっていたこともあって、昨年末頃から日本学術会議経済学委員会を中心に経済学分野の参照基準の作成が急速に進むようになった。私は経済思想の多様性を常日頃説いているので、「参照基準」によって主流派でない経済学が排除されることにはもちろん賛成できない。しかし、誤解されないように急いでことわっておくが、経済思想の多様性を説くのは、現時点で標準的または主流の経済学を修めることに反対することを意味していない。というよりも、「多様性」や「異端」を謳うことによって、主流派経済学の修得がおろそかになることがあれば、それは真の意味での異端の経済理論や経済思想の発展を阻害するとさえ思っている。アメリカでガルブレイスのような異端派経済学者がときに出てくるのは、主流派経済学が確固たる地位を占めているからでもある。それゆえ、経済学分野の参照基準を作成すること自体には反対ではなかったし、異端派に寛容な橋木さんもこの点では同意見であった。

私は橋木さんに物知りのように誤解されているのか、実務教育と教養教育の対立に話が及んだとき、教養教育の側に立つのではないかと想定されていたようである。それは必ずしも当たっていない。そもそも「教養」を定義すること自体が難しいが、それは少なくとも知識の多少の問題ではないと思う。私たちは知識の断片を教室で教えることはできるが、真の意味での教養人はマニュアル化された教育では養成できるものではない。経済学者では猪木武徳さんのような例外はあるが、教養人と呼べる人はほとんどいない。

私は若い頃、社会学者の清水幾太郎の学識や慧眼に触れる機会があったが、あのような方は決して象牙の塔にいては生まれないと思った。清水さんの場合は、東大の社会学科の教授になってもおかしくない才能に恵まれながら、副手時代に大学から放逐されてしまった。文章で食べていくには、社会学に関係あろうがあるまいが、なんでも仕事を引き受けなければならなかったので、専門とは何の関係もない本を読んだり書いたりしながら苦労して学識を深めていったのだ。おそらく、清水さんは、東大教授になっていたらあれほどの教養人にはなれなかっただろう。専門外の知識の蓄積、文章力の錬磨、ジャーナリストとしての嗅覚、等々が独特の「化学反応」を起こして教養人・清水幾太郎を生んでいったのだと思う。そのような方は、象牙の塔のような狭い世界での教育では養成できない。それゆえ、私は、時流に反して、「教養教育」を大学教育の柱にしようとする流れには賛成できないのだ。

現代経済学は専門化が進み、橘木さんとの対談でも触れたように、いわゆるノーベル経済学賞の受賞者もその分野の専門家以外あまりその業績を知らない例も増えてきた。私たちの時代には、サムエルソンという経済学のあらゆる分野で活躍した巨星がいたが、おそらく現代ではスティグリッツを最後に、そのようなジェネラリストはいなくなるだろう。それは学問の発展に伴う自然の流れである。また、前世紀末に著名な経済学者たちが予言したように、経済学とその隣接領域との協同も増えていくだろう。経済学と心理学を結びつけた行動経済学がその一例だが、その流れがもっと加速するのも自然の流れである。

では、そのような時代に、過去の偉大な経済学者たちの思想を研究する経済学史のような学問が生き残る可能性はあるのだろうか。すでに一部の大学では経済学史専攻の教授がいなくなっているが、専門科目としての講義がなくなることはなかったとしても、このまいけば、ほとんどの大学で経済学史家がいなくなる可能性がないとは言えない。しかし、経済学の古典は「宝の山」のようなものであり、理論家であっても自分の研究に参考になる古典に出会う可能性は少なくないと思う。最近、私は、アマルティア・センがアダム・スミスの『道徳感情論』について書いた優れた文章を読む機会があったが、古典は読む者の問題意識次第でいつでも新たな光沢を発するものなのだ。もちろん、センのような経済学者は少数派であるかもしれないが、もともと人気があるかどうか、流行しているかどうかで専門を選んでこなかった私には、数の多少は全く問題ではない。経済学史家は孤高であっても黙々と自分の仕事をすればよいのだ。

今回の仕事で久しぶりに橘木さんと何度もお会いし、対談する機会を得たのは楽しかった。慣れない仕事ではあったが、橘木さんが京大時代と同じように異なる学問を研究している私に寛容であったことを感謝したい。人文書院の松岡隆浩さんの緻密な編集ぶりや、対談の録音をおこすという骨の折れる作業をして下さった岩崎智子さんにもお礼を申し上げたい。

根井　雅弘

マ　行

ヤ　行

ラ　行

ワ　行

タ　行

ナ　行

ハ　行

人名索引

ア 行

カ 行

サ 行

著者略歴

橘木俊詔（たちばなき・としあき）

1943年、兵庫県生まれ。現在、京都女子大学客員教授、京都大学名誉教授。専門は労働経済学。京都大学経済学博士（1998年）。1967年小樽商科大学商学部卒業、1969年大阪大学大学院経済学研究科修士課程修了、1973年ジョンズ・ホプキンス大学大学院博士課程修了（Ph.D.）。京都大学（1979～2007年）、同志社大学（2007～2014年）で教鞭をとる。元日本経済学会会長（2005年度）。日本語の単著・共著・編著は70冊を超え、英語での著作は17冊。近著に、『実学教育改革論』（日本経済新聞出版社）、『ニッポンの経済学部』（中公新書ラクレ）、『幸福（福祉＋α）』（編著、ミネルヴァ書房）、『公立VS私立』（ベスト新書）、『脱「成長」戦略』（広井良典との共著、岩波書店）など。

根井雅弘（ねい・まさひろ）

1962年、宮崎県生まれ。現在、京都大学大学院経済学研究科教授。専門は経済思想史。1985年早稲田大学政治経済学部卒業、1990年京都大学大学院経済学研究科博士課程修了（経済学博士）。著著・編著は40冊近い。新聞・雑誌などの書評委員も多数務める。近著に、『経済学（ブックガイドシリーズ基本の30冊）』（編著、人文書院）、『経済学再入門』（講談社学術文庫）、『経済学の３つの基本　経済成長、バブル、競争』（ちくまプリマー新書）、『サムエルソン『経済学』の時代』（中公選書）、『時代を読む　経済学者の本棚』（NTT出版）、『20世紀をつくった経済学　シュンペーター、ハイエク、ケインズ』（ちくまプリマー新書）、『入門 経済学の歴史』（ちくま新書）など。

©Toshiaki TACHIBANAKI, Masahiro NEI, 2014
Printed in Japan.
ISBN978-4-409-24100-4 C1033

来《きた》るべき経済学のために

二〇一四年一一月一日　初版第一刷印刷
二〇一四年一一月一〇日　初版第一刷発行

著　者　橘木俊詔
　　　　根井雅弘
発行者　渡辺博史
発行所　人文書院
〒六一二-八四四七
京都市伏見区竹田西内畑町九
電話〇七五(六〇三)一三四四
振替〇一〇〇〇-八-一一〇三
印刷　亜細亜印刷株式会社
製本　坂井製本所
編集協力　岩崎智子
装丁　間村俊一
乱丁・落丁本は小社送料負担にてお取替致します。

http://www.jimbunshoin.co.jp/

JCOPY 〈㈳出版者著作権管理機構委託出版物〉
本書の無断複写は著作権法上での例外を除き禁じられています。複写される場合は、そのつど事前に、㈳出版者著作権管理機構（電話03-3513-6969、FAX）03-3513-6979、e-mail: info@jcopy.or.jp）の許諾を得てください。

根井雅弘編

経済学（ブックガイドシリーズ基本の30冊）

数式だけが経済学ではない！　ベテランから若手まで多彩な執筆陣による、経済学の多様な思想と可能性を示す三〇冊。マーシャルからフリードマンまで。

一八〇〇円

橘木俊詔・山森亮

貧困を救うのは、社会保障改革か、ベーシック・インカムか

格差、貧困、福祉、労働…、いま日本において緊急かつ最重要の問題をめぐる、ベテランと新鋭、二人の経済学者による白熱の対話。

二〇〇〇円

（価格は2014年11月、税抜き）